NOTES

SUR LE

MASSACRE DE TIEN-TSIN

PAR

Le Dr Ch.-E. MARTIN

PARIS

ERNEST LEROUX, ÉDITEUR

LIBRAIRE DE L'ÉCOLE DU LOUVRE

DE LA SOCIÉTÉ ASIATIQUE, DE L'ÉCOLE DES LANGUES, ETC.

28, RUE BONAPARTE, 28

1884

NOTES

SUR LE MASSACRE DE TIEN-TSIN

ANGERS, IMPRIMERIE BURDIN ET Cⁱᵉ, RUE GARNIER, 4.

NOTES

SUR LE

MASSACRE DE TIEN-TSIN

PAR

Le Dr Ch.-E. MARTIN

PARIS

ERNEST LEROUX. ÉDITEUR

LIBRAIRE DE L'ÉCOLE DU LOUVRE
DE LA SOCIÉTÉ ASIATIQUE, DE L'ÉCOLE DES LANGUES, ETC.

28, RUE BONAPARTE, 28

1884

NOTES

SUR LE

MASSACRE DE TIEN-TSIN

———

Le ministre de France à Peking, comte de Lallemand, arriva à son poste au mois de mai 1867 et le quitta le 6 novembre 1868, laissant la gérance au plus ancien secrétaire, M. de Rochechouart, et lui conseillant la modération vis-à-vis du Tsong-li-yamen.

Bien que ses relations personnelles avec les ministres chinois eussent toujours été courtoises, il s'en allait, fort peu satisfait de leur attitude et de leurs procédés. Depuis l'échec de Corée, leur hostilité éclatait en toute circonstance; M. de Lallemand eut beau presser son département de ne pas laisser là l'affaire de Corée : il était décidé à Paris qu'on ne s'en occuperait plus.

Il eut aussi à lutter bientôt contre la mission Burlingame; mais de ce côté il ne trouva pas un appui efficace de la part de ses collègues. La mission fut reçue à Londres par lord Clarendon, et le ministre de France vit dans ce résultat des conseils de Sir Rutherford Alcock un coup fatal pour les légations.

Ce succès avait manifestement accru l'insolence du Tsong-li-yamen. Ce dernier d'ailleurs n'avait eu d'autre but que de faire prendre patience à l'Europe et de reculer au moins jusqu'à la majorité de l'Empereur la discussion relative à l'audience, discussion ayant pour point de départ forcé une réciprocité dont la Chine ne voulait à aucun prix[1].

En dehors de cela, le ministre de France eut à s'occuper des questions d'intérêts matériels soulevées par les missionnaires. Vers la fin de 1868, à l'occasion du Concile œcuménique qui devait se tenir l'année suivante, il songea à faire venir à Peking les évêques afin de les sonder sur leurs sentiments envers la Légation. Celle-ci leur rendait des services et les protégeait : en retour elle pouvait compter sur le zèle des lazaristes et des jésuites, mais les Missions étrangères lui suscitaient certains embarras à cause de la difficulté de leur porter secours en cas de danger. D'une manière générale, la situation des affaires religieuses s'aggravait : déjà le chargé d'affaires qui avait précédé M. de Lallemand avait pu l'expérimenter à propos du meurtre de l'abbé Mabileau[2], et il s'était vu dans la nécessité d'émettre un avis contraire à celui du Consul de France en déclarant que les coupables avaient été punis, ce que contestait ce dernier ainsi que l'évêque Desflèches[3] : il alla même jusqu'à taxer d'inconsidérée l'ardeur de ce prélat; enfin il déclarait que le devoir des évêques de Chine était de se tenir en dehors des intrigues de la politique.

Le comte de Lallemand à son tour mit tous ses soins à calmer l'ardeur des missionnaires. Dès son arrivée, son premier acte avait été d'adresser aux évêques une lettre-circulaire où il leur recommandait la prudence; la manière dont les affaires de Corée avaient tourné et la singulière équipée de l'abbé Féron, lui avaient montré jusqu'à quel point les excitations de la lutte

---

[1] Cette audience a été accordée le 29 juin 1873. D'après la *China Review* (vol. III, p. 67), la réception a été mesquine; elle n'a pas eu lieu dans la salle du Trône; aucun cérémonial. La *Gazette de Peking* n'en a pas fait mention afin de ne pas diminuer le prestige et la supériorité de la Chine et ne pas paraître cimenter une amitié avec les barbares de l'Occident.

[2] François Mabileau, de la congrégation des Missions étrangères, né le 1er mars 1829 à Paimbœuf; mis à mort à Yeou-yang-tcheou le 29 août 1865.

[3] Joseph-Eugène-Jean-Claude Desflèches, évêque de Sinite, vic. ap. du Setchouan oriental (1858).

apostolique peuvent compromettre l'œuvre et engager la responsabilité de la France.

Cependant, quoiqu'il pût faire, les choses, loin de s'améliorer, empiraient. Son successeur héritait donc d'une situation bien difficile, exigeant la plus extrême habileté vis-à-vis du Tsong-li-yamen. Il pensa que l'énergie triompherait de ces difficultés; il n'en devait rien être.

Au mois de juin 1869, il crut opportun de quitter Peking pour entreprendre une tournée dans le Chansi; il partit le 17 du mois en compagnie de plusieurs personnes de la légation. Il ne fut pas heureux; les autorités lui firent un pâle accueil et il faillit même être massacré à Taï-yuen-fou, capitale de la province et siège de l'établissement principal des franciscains qui y exerçaient presque secrètement et qui étaient très antipathiques au gouverneur de la ville. Comme ses prédécesseurs, il aura à se plaindre des agissements des Missions étrangères, il signalera leur indiscipline, leur ingérence dans la politique, leur imprudente correspondance avec le Tsong-li-yamen. A l'occasion de cette correspondance, le prince de Kong avait prié la légation de France de représenter à l'évêque Faurie [1] qu'il excédait son droit en s'adressant au Tsong-li-yamen et en enfreignant les formules de correspondance spécifiées dans l'article 4 du traité : il reproche en outre au prélat de se mêler de politique quand il demande la grâce d'un Tao-taï destitué, se fondant sur sa bonne conduite, etc., etc.

De leur côté, les mandarins ne laissaient échapper aucune occasion de souffler la discorde entre le peuple et les missionnaires, et leur ardeur s'accroissait des encouragements qu'ils recevaient de leur gouvernement; celui-ci agissait au nom de cette conviction que le catholicisme était une secte politique destinée à préparer les voies de l'absorption de la Chine par les étrangers; il remarquait l'indifférence des protestants à l'égard

---

[1] Louis Faurie, né le 13 juin 1824 dans le diocèse de Bordeaux, à Monségur; évêque d'Appollonie; vic. ap. du Kouei-tcheou; ✝ 18 juillet 1871 à Kouy-fou dans le Se-tchouan oriental.

des ministres de leur religion et y voyait un contraste avec l'appui que la légation donnait aux catholiques. Il apercevait donc en eux des ennemis et se souciait fort peu des plaintes et des persécutions croissantes dont ils étaient victimes.

Dans quelques cas d'ailleurs, il était difficile de l'accuser d'incurie quand, par exemple, les missions étaient victimes des rebelles ainsi que cela eut lieu en 1868 pour la mission des jésuites à Nanking. A Nan-yang-fou, les lazaristes se trouvaient dans une situation déplorable; des lettres désespérées affluaient à la légation et venaient des divers points du territoire, du Kouei-tcheou, du Se-tchouan, du Kouang-si, du Kiang-si, du Chansi, du Honan et même du Tche-ly. Les vexations infligées aux chrétiens indigènes les irritaient, et se sentant encouragés par leurs missionnaires, ils devenaient insolents envers les mandarins. L'orage grossissait : on apprenait chaque jour de nouvelles catastrophes: la nouvelle du massacre de l'abbé Gilles[1] au Kouei-tcheou est transmise à la légation qui apprend, quelques jours après, fin mars 1869, les violences exercées contre MM. Guichard et Gréa.

Le supérieur de la mission de Kouei-tcheou, l'abbé Vielmon[2], écrit que les têtes des chrétiens sont mises à prix; deux cents taëls pour celle d'un missionnaire et deux cents sapèques pour celle d'un Chinois. Il ajoute que M. Gilles est mort des suites de ses blessures, au même moment où on jetait en prison ses compagnons Bouchard[3] et Fourcy[4].

Ces agissements ont bien une source officielle, car on constate qu'à la tête des assaillants, il y a toujours des soldats et des gens du prétoire.

Le 30 juin, on annonce la mort de sept néophytes.

---

[1] Pierre-Étienne-Amédée Gilles, né le 1er avril 1820, à Valréas (dioc. d'Avignon): ✝ le 13 août 1869.

[2] Léonard Vielmon, des Missions étrangères, né à Saint-Aubin de Nabirat (dioc. de Périgueux), le 24 oct. 1825; ✝ à Kouei-yang-fou, le 20 nov. 1870.

[3] Eugène-Charles Bouchard, des Missions étrangères, du dioc. de Rouen.

[4] François-Fulgence-Joseph Fourcy, des Missions étrangères, ✝ à Kouei-yang-fou, le 5 février 1870.

Le 20 juillet, on écrit que les violences redoublent ; les mandarins déclarent hautement qu'ils veulent purifier la province des chrétiens et détruire les églises.

Au mois d'août, il considère comme intenable une situation dont on ne prévoit pas la fin.

A ce moment, le chargé d'affaires s'imagine de faire ce qui n'a jamais été tenté avant lui ; il s'adresse directement à l'Empereur ; mais sa tentative n'a aucun succès, car il ne reçoit aucune réponse et sa lettre est renvoyée au Tsong-li-yamen, lequel désigne Li Hong-tchang pour aller réprimer les troubles du Kouei-tchéou ; ce choix était assez dérisoire, car il était avéré que ce général était un ennemi acharné des chrétiens.

Or, les choses en étaient venues à ce degré que dans tous les points de la province du Kouei-tchéou la proclamation suivante fut affichée :

« Les doctrines d'Occident sont autant de poisons. Ceux qui les embrassent n'ont plus rien de commun avec la patrie ; l'Empereur n'est plus leur père ; n'honorant plus leurs ancêtres, ceux-ci cessent d'exister pour eux. Ils foulent aux pieds les lois et insultent les autorités en se couvrant de la protection des étrangers.

« Le venin qu'ils distillent est plus perfide que celui des bêtes.

« Que faut-il faire?

« Que chacun s'arme !

« Que dans chaque district, suivant la division par dix feux, on établisse une surveillance.

« Tout Chinois qui reniera la religion chrétienne, devra coller à sa porte des bâtonnets d'encens et puis prier les neuf familles restantes de se porter garantes de la chose par leurs signatures ; alors il sera permis à cet homme de rentrer dans le district. S'il vient à se livrer secrètement à son culte, on l'expulsera et les personnes qui, le sachant, ne le dénonceront pas, seront punies elles-mêmes.

« Sur les routes fréquentées, on placera des pierres et on y gravera la croix et l'effigie du Christ, afin que ces routes soient interdites aux diables (étrangers).

« Défense est faite aux hôteliers d'héberger les chrétiens sous peine d'être jetés à l'eau. Les chrétiens seront traités comme des espions.

« Dans chaque district on inscrira sur les bannières ces sentences : « Que la vraie religion prospère et que la fausse, celle des « chrétiens, soit abolie ! »

« Les autorités qui seront catholiques, se verront destituées.

« Dans les Yamen civils ou militaires, on chassera les scribes convertis; on jurera une haine éternelle à tous les chrétiens.

« On doit se défier des lieux où ils distribuent des remèdes gratuits et où ils ont des asiles pour les enfants. On ne se moquera pas des renégats du catholicisme. Les pères auront soin de surveiller leurs fils pour qu'ils ne se livrent pas aux mauvaises doctrines catholiques qui sont pour le pays une grande calamité. »

7e mois, 8e année du règne de Tong-tche.

Tous ces événements et tous ces faits font concevoir au chargé d'affaires le projet de quitter Peking; il adresse au Tsong-li-yamen une dépêche lui mandant qu'il se rend à Chang-haï et de là dans le Chan-si et le Houpé; il examinera les affaires religieuses de l'évêque Baldus [1] et de l'abbé Zanoli [2]; puis il se rendra à Han-keou et au Se-tchouan. Il demande la destitution de Ou Ta-jen et du gouverneur du Kouci-tcheou, le châtiment des meurtriers de l'abbé Rigaud [3], le changement de Tchang Pe-tchoa et des autorités de Tsouan-y-hien qui ont emprisonné les abbés Bouchard et Fourcy et massacré l'abbé Gilles.

[1] Jean Henri Baldus, lazariste, év. de Zoara, vic. ép. du Honan, né en 1811 à Ally, près de Mauriac (dioc. de Saint-Flour); † 29 sept. 1860.
[2] Eustache-Vite-Modeste Zanoli, franciscain, év. d'Eleuthéropolis, vic. ap. du Houpé oriental.
[3] Jean François Rigaud, des Missions étrangères, né à Arc-et-Senans (Franche-Comté); assassiné à Yeou-yang-tcheou (Se-tchouan oriental) le 2 janvier 1869.

Le prince de Kong répond à cette dépêche une lettre où il examine les divers points et conclut en disant qu'il est impossible au gouvernement de procéder avec plus de célérité.

« Vous nous accusez, dit la dépêche du prince, de ne pas châtier les meurtriers des chrétiens ? mais les chrétiens ne sont-ils pas eux-mêmes souvent des meurtriers ? Est-ce que vous avez puni les Français qui ont massacré des gens à Tien-tsin, à Kia-ting, à Amoy, dans le Fokien et ailleurs ?

« Notre zèle est prouvé, etc., etc. »

Cette réponse n'était en somme qu'une fin de non-recevoir habilement masquée sous des arguments sans valeur.

Bientôt le chargé d'affaires part pour Chang-haï; il se concerte avec l'amiral Cornulier et se rend à Nanking.

Il pense qu'il aurait pu obtenir la réparation du pillage de l'établissement des jésuites sans l'intervention du ministre d'Angleterre qui a voulu exiger une indemnité pour les missionnaires protestants ; mais le vice-roi a mal reçu Sir Rutherford Alcock et le chargé d'affaires juge prudent d'attendre son départ avant de reprendre la question.

A cette époque, il apprend la destitution du vice-roi du Se-tchouan et considère cet acte comme d'un bon augure. Dès sa première visite au vice-roi Ma (des deux Kiang), il obtient de lui la punition des coupables, et la remise aux intéressés des indemnités pécuniaires. Il est d'ailleurs reçu à Nanking avec de grands honneurs, chaise rouge et parasol de même couleur, sous le pavillon situé en dehors de la porte de l'ouest. On lui offre une résidence officielle à laquelle il préfère la maison des Pères jésuites.

Sans doute, le chargé d'affaires, par ses démonstrations énergiques et surtout par la présence de l'amiral, avait obtenu justice du préjudice causé aux missionnaires, mais il avait froissé le vice-roi Ma, humilié le tao-taï de Kiou-kiang et allumé une haine violente dans le cœur d'un personnage officiel du nom de Tcheng Ko-souaï (ou Jui) dont il avait obtenu la dégradation. Cet homme jura de se venger et il devint l'âme de tous les complots qui devaient se tramer contre les étrangers; il mit au service de sa cause une ténacité incomparable et une habileté profonde que les circonstances devaient d'ailleurs seconder.

La mort prématurée de Burlingame et l'avortement de sa mission ébranlaient le crédit du parti chinois favorable à l'étranger. Les Anglais et les Américains n'avaient aucun intérêt de s'unir contre la Chine, la Russie et la France se trouvaient divisées sur le terrain du protectorat des missions, l'Allemagne était à peu près inconnue à la Chine, la France se trouvait isolée et affaiblie dans son prestige par la malheureuse issue de l'expédition de Corée. Les missionnaires créaient de perpétuels conflits entre la légation et le Tsong-li-yamen; ces conflits prenaient leur source dans l'article 38 du traité de Tientsin, lequel porte que les étrangers en Chine ne relèvent que de la juridiction de leurs consuls; d'où il suit que les missionnaires catholiques protégés par la France sont indépendants. En outre, tout Chinois qui se convertit, échappe au magistrat chinois et, le cas échéant, recourt à la protection des missionnaires; les Yamen sont donc abandonnés par lui, et les mandarins finissent par haïr ces missionnaires. Dans ces conjonctures, ils devaient fatalement se faire les auxiliaires ardents de Tcheng Ko-jui.

Mais des considérations d'un autre ordre vont servir à ses desseins. La sorcellerie et la magie jouent un rôle considérable chez les peuples même les plus civilisés, il n'est donc pas surprenant qu'on les trouve chez les Chinois; leur importance a pour témoignage le code lui-même. La section 256 dispose que celui qui agite les esprits par des procédés magiques, est puni de la décapitation; la section 276 dispose que ceux qui font des incantations dans le but d'attirer les mauvais Foung-choui, sont châtiés; la section 287 dispose que celui qui, après avoir tué quelqu'un, en sépare les membres dans un but magique, est puni de mort par lacération, c'est-à-dire coupé en morceaux, sa famille est bannie à deux mille lis et ses complices décapités. La 14ᵉ année du règne de Kien-long (1750), deux personnes furent mises à mort pour ce crime. Dans le cas où le crime a été seulement conçu et non perpétré, le coupable est décapité et si les habitants de la localité où le fait s'est passé, n'ont pas prévenu la justice, ils recevront cent coups de bambou, tandis qu'ils auront une récompense de trente onces d'argent, s'ils l'ont informée.

Suivant la section 239, tout individu qui jette un sort sur un autre, est puni comme dans le cas d'homicide involontaire ; s'il a pour but de produire des maladies, il subira une peine de deux degrés en moins, sauf s'il s'agit d'un fils contre ses parents, un serviteur ou esclave contre son maître ; dans ces cas, il y a décapitation.

Tels sont les enseignements de la science chinoise et ses rapports avec la législation criminelle.

Il n'est pas surprenant que ces croyances s'appliquent, dans les temps de trouble, à des étrangers se trouvant vivant au milieu du peuple dans les conditions où sont placés les missionnaires ; en effet, ils ont adopté le costume indigène, ce que ne font ni leurs collègues protestants ni leurs collègues russes. Grâce à cet habillement, ils ont avec le peuple des rapports faciles ; ils pénètrent mieux dans les familles, ils voyagent plus librement, ils sont l'objet d'une curiosité moins indiscrète ; ils peuvent joindre les mains et s'incliner pour saluer comme un vrai Chinois. Quand ils célèbrent les offices religieux, ils conservent encore quelque chose du vêtement indigène, puisqu'ils sont coiffés du tçi-kin que portaient les lettrés au temps de la dynastie des Ming.

Mais si à la faveur de ces emprunts indigènes, ils arrivent à se mouvoir avec plus de liberté parmi les classes inférieures où se recrutent presque exclusivement les néophytes, ils ne laissent pas de donner prise à la calomnie des classes supérieures et des lettrés, qu'offusquent leurs pratiques religieuses, comme la confession et principalement le mélange ou au moins le voisinage des deux sexes dans les églises.

Ces choses sont contraires aux mœurs de la nation, et à un moment donné, on conçoit que les ennemis des missionnaires les représentent comme des fauteurs de troubles, des contempteurs de ces traditions tant de fois séculaires sur lesquelles repose la société chinoise :

Quand un Chinois se fait chrétien, il répudie le culte des ancêtres; il en résulte, d'après la foi universelle, que tous ses ancêtres deviennent de perpétuels mendiants, car l'anathème pèse sur eux. Se convertir est donc un crime, puisque le père dont le fils embrasse le christianisme, se suicide lui-même, ce qui rend ce fils parricide, et passible de la décapitation.

Lorsqu'éclatèrent les troubles de Nanking, l'accusation de voleurs d'enfants fut ouvertement lancée contre les missionnaires.

Cette pratique a toujours existé en Chine : la législation l'atteint, mais comme elle constitue un commerce très lucratif, elle s'exerce sur une échelle considérable; en outre il s'y attache une croyance superstitieuse sur laquelle nous reviendrons après avoir relaté une lettre insérée au t. III des *Lettres édifiantes*[1] :

« En 1746, dit le P. Chauseaume, il y eut des persécutions contre les jésuites; on les accusait de posséder une caisse d'ossements magiques provenant d'enfants tués et servant de philtres propres à faire consentir le sexe aux plus mauvaises passions. Des experts furent nommés et ils firent un rapport dans lequel ils conclurent que ces os appartenaient à de petits enfants, pour cette raison que les vertèbres avaient 5 lignes 1/2 en hauteur ! Les accusés eurent beau protester et soutenir que c'étaient des restes d'un des leurs qu'ils désiraient envoyer en Europe : on ne les crut pas et ils furent condamnés. »

Revenons aux faits de Nanking. Des bruits de rapt d'enfants circulent et de grosses sommes d'argent, jusqu'à quatre-vingt taëls, sont promises à celuiqui dénoncera les coupables. La torture aidant, de pauvres diables furent accusés et exécutés. Ce n'était là qu'un moyen de parvenir jusqu'à ceux pour le compte desquels ces malheureux avaient, soi-disant, agi. On commença par jeter en prison quelques néophytes déclarés complices; le

<hr>

[1] Éd. du *Panthéon littéraire.*

ministre protestant, M. H. Taylor jugea prudent de s'éloigner;
les jésuites tinrent bon; les autorités les prévinrent que des
perquisitions allaient être opérées dans leur établissement. On
vint en effet, on fouilla partout et on s'en retourna sans avoir pu
découvrir le moindre vestige de cadavre d'enfant..

Mais si négative que fût l'enquête, on n'en parla pas et on s'en
tint aux aveux arrachés par la torture de soixante malheureux
Chinois qui furent décapités.

Cette base suffisait aux mandarins, qui dénoncèrent publique-
ment les missionnaires; ceux-ci furent insultés et menacés. Le
vice-roi n'avait pas voulu se prêter à ces agissements, il chercha à interposer son autorité et il parvint à empêcher le meurtre,
mais non les outrages dont les jésuites furent abreuvés.

C'est ainsi qu'après avoir encouru la désaffection des masses
et la haine des mandarins, il allait bientôt se voir humilié par le
chargé d'affaires de France, c'est-à-dire le protecteur de ceux
dont il avait pris la défense; plus tard enfin, il tombera sous le
fer de ceux qui ne lui pardonnaient pas sa résistance aux menées
de Tcheng Ko-jui.

Ce personnage, que nous avons déjà mentionné, était un homme
intelligent et énergique. Mahométan d'origine, il avait eu la
pensée d'embrasser la carrière monastique; la doctrine boud-
dhique l'attirait, il se fit bouddhiste, puis il déserta la secte et se
fit taouiste; mais bientôt, fatigué du spectacle des rivalités et des
luttes perpétuelles entre les sectateurs de ces deux religions, il
abandonna la carrière et se jeta dans la politique.

On a dit qu'il avait un instant combattu dans les rangs des
Taï-ping et qu'il aurait déserté le drapeau des rebelles quand il
put douter du triomphe du parti national. Quoiqu'il en soit,
San-ko-lin-sin qui avait remarqué ses qualités, l'employa pendant la guerre de 1859 et en fit son premier lieutenant. Il se
rendit digne de la faveur du général : il remporta de nombreux
succès, battit les rebelles Nien-feï du Honan et finit par devenir
le fils adoptif de son protecteur. Il ne lui manquait plus que la
faveur du gouvernement, il la conquit en ajoutant à ses victoires

celles qu'il remporta contre les Mahométans du Chen-si et du Chan-si.

Tcheng Ko-jui a été l'âme de tout ce qui s'est tramé contre les Européens ; il s'est cruellement vengé de la dégradation dont il a été frappé à la demande du chargé d'affaires de France, dégradation qui ne lui aurait été d'ailleurs infligée que fictivement.

De sa résidence de Yang-tcheou, il dirige et surveille le progrès que chaque jour fait la suspicion. A l'égard des Européens, il ne laisse échapper aucune occasion d'accréditer les bruits et les accusations de vol d'enfants ; il les propage dans toute la vallée du Yang-tseu depuis les points les plus reculés du Yunnan jusqu'à la mer ; il les réédite sans cesse en les grossissant chaque fois. Jadis les drogues diaboliques étaient fabriquées avec les os, aujourd'hui les missionnaires ont renchéri : ils arrachent les yeux, les cervelles et les cœurs des petits enfants rassemblés dans leurs orphelinats ; c'est pourquoi les rapts se multiplient prodigieusement ; depuis quelque temps, ils exercent sur ces enfants un pouvoir magique qui leur permet de les immoler et de fabriquer avec leurs organes des philtres, etc., etc.

Jusqu'en 1859, les missionnaires avaient été seuls à supporter le poids de ses accusations insensées, d'autres vont maintenant les partager avec eux.

La question des orphelinats de religieuses européennes avait été agitée depuis longtemps. Tout d'abord on avait éloigné l'idée de ces établissements dans les provinces fermées à la circulation des étrangers et on commença par fonder des maisons tenues par des filles chinoises chrétiennes, dites baptiseuses. Plus tard on en créa dans les ports ouverts au commerce, et actuellement leur accroissement atteint des proportions considérables. On compte plus de cent de ces orphelinats répartis dans les divers points de la Chine et ressortissants aux différentes missions ; les religieux qui les dirigent sont les missionnaires eux-mêmes ou des sœurs d'ordres divers. Quelques-uns ont été cédés par le gouvernement chinois aux missionnaires ; d'autres, au contraire, ont été confisqués par lui à la suite de conflits au sujet de questions de propriété.

Parmi ces établissements, quelques-uns prospéraient; celui de Tien-tsin était du nombre. Il avait été fondé en 1862 et placé sous la direction des sœurs de Vincent de Paul et sous le patronage de saint Joseph. Au début, quelques maisons aménagées à la hâte, servirent d'abri aux nouvelles arrivées et à leurs recrues; peu à peu elles furent remplacées par de solides et confortables constructions situées au centre de la partie la plus populeuse de la ville, éloignées par conséquent de Su-tchu-lin, c'est-à-dire de la résidence des Européens. En cas de danger, les secours étaient donc difficiles et il n'y en avait guère à attendre du consulat français situé assez près d'elles, mais éloigné lui-même du centre européen.

Cet emplacement de l'orphelinat était donc mal choisi. Mais bien que les sœurs en eussent été averties, elles persistèrent à l'occuper, alléguant qu'elles étaient plus à portée des familles au milieu desquelles elles avaient mission de pénétrer. Cette mission consistait à recueillir les enfants délaissés, de les élever, de leur donner une éducation religieuse et professionnelle, puis de les marier à la sortie. A cette entreprise, elles apportaient le zèle et l'abnégation les plus absolus.

Elles avaient quitté l'Europe, ignorantes des mœurs, des croyances et de l'esprit de la nation. Dans le principe, leurs relations avec les Chinois furent très restreintes; peu à peu elles s'initièrent à la langue et se montrèrent aux Chinois, mais sans que l'habitude diminuât beaucoup l'indiscrète curiosité dont elles étaient l'objet.

Elles n'avaient pas, comme les missionnaires, la tâche facilitée par le port du vêtement indigène; leur costume ne cessait pas, même après plusieurs années, d'être singulier pour les passants.

Elles prenaient grand soin de ne sortir qu'en voiture, toujours deux à deux, ne descendant que pour visiter leur clientèle et regagnant aussitôt l'orphelinat; celui-ci se refermait aussitôt sans qu'aucun regard du dehors pût y pénétror, sans qu'aucun écho du dedans s'échappât de cette mystérieuse enceinte.

« Qu'est donc, se demandaient les Chinois, cet emblème formé de deux cœurs percés d'une flèche et placé au-dessus d-la grande porte de l'établissement? Que font ces enfants enfermés dans ces murs? Comment y sont-ils venus? S'ils sont abandonnés, quel intérêt ont ces étrangères à venir de si loin pour les élever gratuitement? »

La masse du peuple no savait quelle réponse faire à ces énigmes. L'imagination évoquait alors les spectres des enfants volés pour être immolés et servir à la confection de drogues magiques; les deux cœurs sculptés au-dessus de la porte d'entrée étaient le témoignage irrécusable de cette horrible pratique.

Les sœurs de St-Vincent de Paul entendirent bien souvent ces propos et si elles ne s'en alarmèrent pas, c'est qu'elles espéraient que peu à peu les soupçons se dissiperaient. Jusqu'en 1870, elles ne leur opposèrent que l'indifférence et continuèrent leur œuvre de dévouement. A cette époque, l'orage grossissant, on leur représenta qu'isolées comme elles l'étaient, le danger était grand; on les pressa de quitter leur maison pour aller s'abriter à Su-tchu-lin; elles résistèrent, répondant que ce moyen serait considéré comme une désertion qu'exploiteraient leurs ennemis.

Les fatalités s'accumulaient sur leurs têtes. Quelques précautions qu'elles prissent pour recruter leur orphelinat, il était difficile qu'elles ne fussent pas trompées par les gens qu'elles employaient et qui, dans l'espoir du gain qui pouvait s'attacher à leur zèle, ne se faisaient guère de scrupule de leur amener des enfants parfois volés; il était naturel qu'elles eussent la responsabilité de ces tristes abus.

Quelque temps avant les affaires de Tien-tsin, une grande famine décima la province du Chan-tong. Un grand nombre d'enfants étaient abandonnés; les sœurs envoyèrent leurs gens pour les secourir et les ramener à Tien-tsin; le convoi passa par Chienchien où se trouvait l'établissement d'un jésuite, le P. Leboucq[1].

_____

[1] Prosper Leboucq, né le 1er janvier 1828.

Ce dernier jugea qu'il serait imprudent, dans les conjonctures actuelles, de faire entrer ce convoi à Tien-tsin, il l'arrêta donc ; mais le bruit s'en répandit à Tien-tsin où on l'interpréta défavorablement pour les sœurs.

Le mal empirait. Tcheng Ko-jui ne perdait pas un moment et entretenait avec les autorités de Tien-tsin des relations secrètes. Tchoung-heou, commissaire impérial pour les trois ports du Nord, qui demeurait à Tien-tsin, restait peut-être étranger à ces menées ; ce point est difficile à préciser, et est resté jusqu'au bout enveloppé de mystère.

Cependant il prévint le consul de France, M. Fontanier; celui-ci se rendit à l'orphelinat, pressant les sœurs de s'en aller à Su-tchu-lin ; mais elles préférèrent s'exposer aux malheurs qui allaient fondre sur elles, bien qu'elles fussent au courant de ce qui se passait.

Depuis plusieurs jours, l'endémie typhique répandue dans la ville y faisait de grands ravages. Elle s'était abattue sur le Gen-tze-tang ; quelques sœurs avaient été atteintes, mais un nombre inaccoutumé de leurs enfants avaient été victimes. On voyait donc les convois funèbres se succéder et servir les bruits de pratiques infernales que la calomnie avait si souvent inventés contre elles. Cependant elles furent averties que l'autorité avait résolu de faire une enquête; en effet les magistrats se rendirent à la sépulture du Gen-tze-tang et se livrèrent à un examen juridique.

La nature de l'affection à laquelle les enfants avaient succombé, le temps qui s'était écoulé depuis l'inhumation, les chaleurs exceptionnelles, la situation basse et humide du lieu de sépulture, étaient autant de circonstances qui avaient hâté le travail de décomposition cadavérique. Les Chinois ont un livre qui a pour titre *Si-yuen-lu* [1] et qu'on peut regarder comme un recueil de médecine légale dans lequel sont exposés les procédés à l'aide desquels on découvre les causes de la mort. Ces phénomènes de

---

[1] Voir le vol. I de la *Revue de l'Extrême-Orient*.

la putréfaction jouent un grand rôle, par l'examen attentif qu'on fait ou qu'on prétend faire, dans l'appréciation de ces causes : mais ce n'est pas l'observation scientifique qui fait la base de ces examens juridiques; les experts donnent toujours des conclusions conformes à leurs idées préconçues et à leurs intérêts. Dans l'espèce, ils savaient qu'ils avaient à donner satisfaction à l'opinion publique, c'est-à-dire à la calomnie. Leur examen fut sommaire d'ailleurs. A peine l'exhumation fut-elle faite, qu'ils constatèrent que les cavités orbitaires étaient affaissées, que les yeux étaient ou semblaient absents, d'où ils jugèrent qu'ils avaient dû être arrachés; la poitrine, qui avait cédé à l'expansion des gaz, était béante, donc le cœur avait été extrait. Une fatalité servit la malveillance de ces experts : malgré le soin habituel des sœurs, il leur était arrivé que, prises au dépourvu par l'intensité de l'épidémie, elles n'avaient pu disposer d'un nombre suffisant de cercueils et avaient enseveli plusieurs petits cadavres dans une même bière. Les experts ne manquèrent pas de crier à la profanation et leurs cris eurent parmi le peuple un écho qui aggrava la situation des sœurs.

Ce qu'elles faisaient était donc horrible ! Des témoignages juridiques, officiels, se dressaient contre elles ! D'ailleurs n'étaient-elles pas en relations directes et permanentes avec les démons ! N'avaient-elles pas le pouvoir de leur commander ! Ne les subjuguaient-elles pas à leur gré, ainsi que le prouvait le fait suivant qui s'était passé aux premiers temps de leur installation. Une mère, accompagnée de sa fille, vint au Gen-tze-tang. Toutes deux étaient possédées et le démon passa alternativement de l'une à l'autre. Les sœurs faisaient des prières afin que Satan sortît du corps de ces deux malheureuses et cédât la place à Jésus-Christ. Ayant appris que l'évêque de Peking, Mgr Mouly [1], était alors en visite épiscopale à Tien-tsin, elles le prièrent de venir exorciser les possédées et le prélat se rendit à leur invitation. Dès qu'il se

---

[1] Joseph Martial Mouly, lazariste, né à Figeac, le 2 août 1807; év. de Fussulan, vic. ap. du Tchely septentrional; † à Peking, le 4 déc. 1868.

trouva en présence des malheureuses, le démon se troubla et n'osa pas regarder le saint homme en face; mais lui, à force d'objurgations et d'énergie, s'en rendit maître et le chassa.

Ce récit, extrait des *Annales de la Sainte-Enfance* (t. XIII, p. 117), a pour auteur la sœur Marthe qui l'écrivit en 1863; elle ajoute que *ces faits sont communs dans les contrées idolâtres où le Démon défend encore son empire tout-puissant*.

Deux ans plus tard, en 1865, un fait de démonologie s'était passé dans un petit village voisin de Peking. Un paysan avait attiré chez lui un missionnaire, M. Erdely [1], sous prétexte de cérémonie religieuse; il fit éclater une mine qui blessa grièvement le prêtre et ses acolytes. Aussitôt la légation saisit de la chose le Tsong-li-yamen et le prince Kong adressa trois dépêches pour assurer que le coupable serait poursuivi. Mais ce dernier ne fut point inquiété, ayant eu la chance de prouver aux magistrats que c'était le diable qui avait sauté à la tête du missionnaire. La preuve fut sans doute faite en bonne monnaie d'argent, mais elle n'eût pas été admise sans la foi dans les agissements du démon qui, esclave des sœurs, les rendait redoutables aux yeux des Chinois; c'était lui qui, dans les circonstances que nous relatons, servait encore leurs noirs desseins.

Des faits d'un autre ordre activèrent l'ardeur des conjurés. Ils attachaient une grande importance à ne pas transgresser le 21 juin, date se rapportant aux calculs suivants : Les Chinois admettent qu'après chaque période décennale, un événement grave doit arriver. S'ils interrogent un devin sur l'époque à laquelle se produira une catastrophe sur une famille, une contrée, ce devin répond sans hésiter que le malheur éclatera dans dix ans. Or depuis quelques semaines, les prophètes de Tien-tsin étaient assiégés de questions auxquelles ils répondaient comme il suit : Le 1er juin 1870 tombe le vingt-troisième jour de la cinquième lune; ce jour correspond au 11 juillet 1860, date néfaste et dont aucun Chinois n'a perdu le souvenir; en conséquence, dans

---

[1] Ignace Erdely, lazariste hongrois, arrivé en Chine en 1861.

2

les premiers jours de juin, se passeront des événements très graves.

Les plus savants parmi les devins se livraient à des calculs encore plus relevés. Dans la chronologie chinoise, on fait usage de cycles de soixante années dont trois réunis constituent une *grande époque*. Chaque grande époque est marquée par trois manifestations qui se succèdent dans un ordre invariable et se caractérisent comme il suit :

1ᵉʳ cycle. Désastres fréquents, tels que guerres intestines, inondations, famines, épidémies.

2ᵉ cycle. Prospérité et gloire.

3ᵉ cycle. Retour des désastres.

Ces phénomènes présentent une durée et une intensité variables suivant que, par sa sagesse ou son incurie, le souverain s'attire la protection ou la défaveur du ciel ; car, intermédiaire entre le Tien et le peuple, il peut apaiser la colère d'en haut par ses prières, ses jeûnes et ses sacrifices[1].

Or, l'époque des insurrections des rebelles, de la guerre avec les Européens et de tous les fléaux qui s'en suivirent, sont compris dans le 1ᵉʳ cycle de la grande époque dernière et ce cycle prend fin en 1866 : d'où il suit que depuis quatre ans (nous sommes en 1870), la Chine est entrée dans le cycle subséquent qui est celui de la gloire, laquelle consistera à écraser et à chasser les étrangers.

Parmi eux, il est certain que ce sont les missionnaires catholiques qui sont le plus détestés des classes élevées, car leurs collègues protestants ne contractent pas avec le peuple des liens aussi intimes. Quant au clergé russe, il n'a jamais fait en Chine œuvre d'évangélisation ; à Peking, notamment, il existe une mission dirigée par un archimandrite mais elle ne s'occupe pas de

---

[1] Dans certains cas, les faits astronomiques servent d'avertissement. C'est ainsi que le 24 septembre 1866, une éclipse totale de lune eut lieu ; elle avait été prévue et annoncée par les soins du tribunal des mathématiques. Le censeur Ouang Tchao-ki déclara que cette éclipse, ayant été plus complète que les précédentes, démontrait aux mandarins la nécessité de veiller sur leur conduite sous peine d'être victimes de la colère céleste.

prosélytisme ; elle est là pour la légation, mais surtout pour les familles chinoises qui ont pour souches les soldats russes faits prisonniers il y a plusieurs siècles et amenés à Peking. On leur concéda à l'angle nord de la ville un terrain où ils s'établirent et chacun reçut une solde du trésor chinois. Peu à peu des unions se contractèrent avec des filles chinoises ; les enfants qui naquirent furent librement élevés dans la religion de leurs pères et c'est ainsi que se formèrent des familles pour lesquelles la Russie entretient depuis cette époque, un clergé national.

Les missions catholiques se trouvent donc dans des conditions exceptionnelles. Elles existent dans toutes les provinces : Les dominicains sont dans le Fo-kien, les franciscains dans le Chan-si, le Chen-si, le Chan-tong, le Hou-nan, le Hou-pé ; les Missions étrangères de Paris dans les trois Se-tchouan oriental, occidental et méridional, le Kouei-tcheou, le Yun-nan, le Kouang-si, le Kouang-toung et la Mandchourie ; les lazaristes dans le Tchely septentrional et le Tchely occidental, le Kiang-si, le Tche-kiang ; les jésuites dans le Kiang-sou et le Ngan-houei (Kiang-nan) et au Tchely oriental ; les missions belges en Mongolie et dans le Kan-sou, les missions étrangères de Milan au Ho-nan.

Si une localité ne possède pas de missionnaire résident, elle reçoit périodiquement ses visites et son influence est entretenue par ce qu'on appelle des catéchistes excurrents qui pénètrent dans les familles, les préparent et constituent de précieux auxiliaires à l'œuvre de la propagande ; leur zèle est en raison des succès qu'ils obtiennent et de l'intérêt qui y est justement attaché. Quand les catéchumènes, c'est-à-dire ceux qui disposés à être baptisés sont prêts, le missionnaire vient leur conférer le sacrement ; quant aux enfants, il leur est conféré par des femmes indigènes baptiseuses.

En outre des orphelinats, l'œuvre des missions comprend des écoles payantes et des collèges. Dans les premières on est admis moyennant vingt mille sapèques par mois ; cette somme défraie à peu près la nourriture ; d'ailleurs les pauvres sont admis gratuitement et convertis ou non. Quant aux collèges, il y a celui de Zi-ka-ouè à six ou sept kilomètres de Changhaï ; on y enseigne la littérature chinoise et la littérature étrangère ; les élèves se font missionnaires si tel est leur goût, ou ils deviennent lettrés, ouvriers, commerçants, cultivateurs suivant leurs aptitudes.

Le collège de Tsam-ka-leu est le seul séminaire pour le clergé indigène.

L'influence des missionnaires catholiques est donc grande ; le résultat au point de vue de l'évangélisation est-il en proportion de l'effort ? Cette question pour ces derniers ne comporte guère de solution mathématique ; pour eux, le temps et le sang versé ne comptent pas.

Les chiffres suivants n'intéressent donc que ceux qui envisagent la question au point de vue statistique ; or voici les chiffres provenant d'une source autorisée[1].

Missionnaires européens et catholiques exerçant dans l'empire chinois, 270 ; prêtres indigènes, 270 ; ce qui fait un total de 510 missionnaires.

Catholiques indigènes de l'Empire Chinois, 460,000.

Dans les pays adjacents, c'est-à-dire en Corée, Japon, Cochinchine, Tongking, Cambodge et Thibet, missionnaires catholiques européens, 100 ; missionnaires catholiques indigènes, 150 ; total, 250.

Catholiques indigènes de ces pays adjacents, 540,000.

D'après l'honorable vicaire apostolique du Tche-kiang, il y aurait un peu plus d'un million de catholiques répartis dans les diverses contrées du continent asiatique dont la population peut être évaluée, approximativement aussi, à environ six cents millions d'habitants.

Si les mandarins ont en grande haine les missionnaires, ceux-ci sont aussi considérés par la masse de la nation comme des contempteurs des mœurs, des coutumes, des lois. Pourquoi ces cathédrales qui ont les dimensions des pagodes ? Ne troublent-

---

[1] Edmond Guierry, év. de Danaba, vic. apost. du Tche-kiang. — Lettre du Pe-tang, 5 septembre 1869. Ces chiffres ne sont évidemment qu'approximatifs.

elles pas sans cesse le cours des bons foung-choui? N'attirent-
elles pas les mauvais? Ne sont-elles pas ainsi la source des calamités qui fondent sur les lieux, les familles près desquelles elles
s'élèvent?

Les tours de la cathédrale du Pe-tang à Peking ont particulièrement irrité les Chinois et créé mille ennuis à la légation. Le
traité de 1858, conclu par le baron Gros, comporte, article 13,
une stipulation conforme d'ailleurs à celle qui a servi de base au
traité Lagrené relativement à la religion, dont la pratique fut
reconnue libre partout. Il suffisait d'un passe-port en règle pour
qu'on pût circuler ; quant aux indigènes, ils avaient le droit d'embrasser la foi catholique sans être inquiétés. En 1860, on ajouta
une convention qui n'était d'ailleurs que la reproduction de l'é-
dit impérial de mars 1846, stipulant la reddition des établissements chrétiens confisqués ainsi que des cimetières avec leurs
dépendances, mais il arriva que les interprètes sollicités peut-
être par de hauts missionnaires, ajoutèrent à l'article 3, la clause
d'après laquelle il serait loisible aux prêtres catholiques français
d'acheter des terrains où ils voudraient et d'y établir des édifices
à leurs convenances.

Cette clause faussait l'esprit excellent dont s'était inspiré
M. de Lagrené au sujet du protectorat religieux ; elle froissait le
sentiment des Chinois et leur faisait dès lors concevoir la pensée
de se soustraire à l'observation du traité. Tous les ministres de la
légation en ont reconnu les inconvénients; le comte de Lallemand pensait lui-même qu'elle eût été désavouée par le baron
Gros s'il l'eût connue; mais il estimait que puisqu'elle existait, il
était nécessaire de l'y maintenir [1].

Quand les lazaristes s'installèrent à Peking, ils prirent posses-
sion du terrain que Tchoung-cheu, le dernier souverain Ming,
avait donné au P. Schall en le nommant maître et président de
la littérature céleste et pour qu'il y organisât l'académie des

---

[1] Cette clause avait été insérée par surprise par les deux traducteurs interprètes, M. de Méritens et l'abbé Delamarre; c'est ce dernier qui en est le principal auteur, attendu qu'il était très versé dans la langue chinoise.

mathématiques et les astronomes chargés du calendrier. En 1645 les jésuites y avaient construit une cathédrale dominant les plus hauts édifices de la ville impériale; mais à cette époque ils étaient les amis du souverain[1]. En 1870, ce terrain, rendu aux lazaristes, l'a été par la force, et quand ils construisirent leur église, les autorités chinoises n'y consentirent qu'à la condition que les tours ne dépasseraient pas la hauteur de huit tchangs (80 pieds); de la sorte, du sommet de ces tours on ne pouvait plonger les regards dans l'enceinte des jardins impériaux ; du moins le résultat semblait-il être atteint par cette fixation. Les lazaristes s'y conformèrent; mais une fois terminées, les tours parurent trop élevées aux Chinois et la légation de France reçut un jour (1866) l'avis que les missionnaires devaient les raccourcir. La dépêche fut transmise à l'évêque Mouly qui s'y refusa et soutint que la hauteur était conforme à la convention; il ajouta qu'au surplus, elles étaient dépourvues d'escalier et qu'il était impossible qu'on y montât.

Les Chinois ne pouvaient se contenter de ce refus et il fut convenu qu'une commission procéderait à la mensuration des tours. Les deux vice-gouverneurs de Peking étaient présents, on ne trouva que sept tchangs, c'est-à-dire soixante-dix pieds; les membres de la commission se retirèrent décontenancés, mais le bruit se répandit que la cathédrale allait être détruite. L'évêque Mouly tint bon et les Chinois se contentèrent d'élever un haut mur devant la cathédrale.

La vue fut interceptée, mais le courant des bons Foung-choui le fut aussi et c'est à cause de cela que lors des massacres de Tien-tsin, parmi les calomnies inventées contre les missionnaires on accusa la cathédrale et ses tours d'être la cause des fléaux qui désolent périodiquement le pays depuis la guerre anglo-française.

Les Chinois sont aussi très froissés de l'usurpation des insignes

[1] Cette église, d'après du Halde, fut bénie en décembre 1702 par le P. Grimaldi.

et emblèmes auxquels les hauts mandarins seuls ont droit et
dont les évêques font usage. Ils se récrient contre les chaises
vertes à quatre porteurs qui attirent aux prélats des marques de
déférence auxquelles ils n'ont pas droit; ils protestent contre
l'emploi de sceaux semblables à ceux que le souverain à seul le
droit de délivrer, qui sont la marque sacramentelle d'une investi-
ture et dont la perte est punie de mort; ils s'insurgent contre
leurs prétentions de se faire introduire dans les prétoires des
yamens qui s'ouvrent exclusivement aux mandarins.

On savait que ces prescriptions avaient été notifiées aux évêques dans une lettre-circulaire sortie de la légation de France en
1861; mais elles étaient restées inexécutées et les Chinois
voyaient dans ce fait les symptômes d'une indépendance qui humi-
liait le gouvernement, et attentait à la majesté du souverain.

Voici au sujet des griefs contre les missionnaires la traduction
d'un article publié dans la *Pall Mall Gazette*[1], et qui a pour titre
Missionary mistakes in China :

« Mission du Kouei-tcheou, 23 février 1882.

« Messieurs,

« Le sang des martyrs a coulé récemment dans la province.
« Les victimes sont le P. J. Pierre Néel, du diocèse de Lyon,
« décapité; son catéchiste J. Tchen, un chrétien nommé Hou,
« un néophyte Tchang dont la maison était l'asile du mission-
« naire, la vierge Lucie Yy d'une famille honorable de la ville. »

« Telles sont, dit l'auteur de l'article, les premières phrases
d'une lettre adressée par Mgr. Faurie, vicaire apostolique du
Kouei-tcheou aux directeurs de la société de propagation de la foi
et publiée dans les *Annales* de la Propagation. Or, l'abbé Néel[2],
jeune et ardent, fut envoyé pour diriger un nouvel établissement
à Kia-cha-loun; à peine arrivé, il fut molesté par le mandarin

---

[1] 14 sept. 1868.
[2] Jean-Pierre Néel, né à Sainte-Catherine-sur-Riverie (diocèse de Lyon) en
juin 1832; décapité le 18 fév. 1862, à Kay-tcheou (Kouei-tcheou).

du district qui, voyant le missionnaire rebelle à ses injonctions de quitter la ville, le fit incarcérer lui et son catéchiste.

« On les conduisit sur la place des exécutions, devant un tribunal qui procéda à un interrogatoire sommaire; la peine de mort fut prononcée et les deux malheureux furent décapités sur place.

« De tels serviteurs de Dieu inspirent toujours du respect. Éloigné de sa patrie, souvent pour ne plus la revoir, il est voué à un ministère agressif parfois, toujours antipathique. Mais si les apôtres catholiques tombent seuls victimes dans un pays où les bouddhistes, les taoïstes, les confucéens, les protestants, les mahométans, etc., vivent en paix, cela tient à leur défaut de prudence et à ce qu'ils poursuivent un but politique en même temps qu'un but religieux; les mandarins deviennent d'autant plus jaloux d'eux qu'ils leur contestent leur autorité.

« Comment, ajoute l'auteur, l'évêque dépeint-il la situation ? Comme exerçant le droit de vie et de mort, celui d'incarcérer, de libérer, de faire la paix, de déclarer la guerre. »

« Il raconte comment il se transporte d'un lieu à un autre avec tout le cérémonial qui entoure les vice-rois, et suivi d'une escorte d'un général victorieux ; c'est ainsi qu'il décrit dans les termes suivants son arrivée à Tchen-min-tchou :

« Outre les parasols rouges (réservés aux plus hauts digni-
« taires) les cavalcades et les canonnades, est une escorte de petits
« enfants vêtus de rouge et de vert, portant des couronnes ornées
« de pierres précieuses devant mon palanquin. J'ai signalé mon
« arrivée en délivrant quelques prisonniers retenus par haine
« envers notre sainte religion. »

« Arrivé à Yan-tchouen, l'évêque nous apprend que les *insignes de l'autorité suprême*, avaient été placés à la porte de la maison ; des coups de canon annonçaient la garde de nuit.

« Chaque fois que je sortais de chez moi, dit l'évêque, trois
« coups de canon retentissaient, de même quand je rentrais.

« Je mange toujours seul, les principaux notables en grande
« tenue, se tiennent debout autour de la table pour me servir

« pendant que les musiciens rangés autour de moi me jouent
« des mélodies.

« Le repas terminé, on sert les tables secondaires pour les
« chefs du pays, ma suite et les musiciens.

« Beaucoup de gens du peuple, dit l'évêque, croient le moment
« venu où les bras des mandarins seront raccourcis, où une réforme
« dans la distribution des taxes s'accomplira. Des phénomènes cé-
« lestes vinrent confirmer ces bruits ; une comète apparut annon-
« çant la chute de la dynastie actuelle et désignant le nouveau
« souverain. Elle avait la forme d'une croix ; aussi y eut-il de nou-
« velles conversions. Des milliers de Chinois se firent baptiser et
« beaucoup de gens dont le seul mérite, pour prétendre à un aussi
« haut privilège, était d'avoir appris à faire le signe de la croix,
« réclamèrent la bénédiction épiscopale. »

« Toutes ces scènes de triomphe, ajoute l'auteur de l'article,
portèrent leur fruit ; les mandarins organisèrent une société pour
saper l'influence de l'évêque et les néophytes furent molestés ;
à la tête se mit Thien, général commandant les troupes de la
province ; ce fut lui qui dirigea les poursuites qui aboutirent à
l'exécution de l'abbé Néel. »

L'article du *Pall Mall Gazette* se termine par ce renseignement :

« Les spectateurs qui apportèrent la nouvelle à l'évêque, ra-
contèrent qu'au moment où la tête du martyr tomba, une au-
réole lumineuse descendit du ciel et se plaça sur le corps de la
victime. »

Les griefs contre les ingérences des missionnaires dans les
affaires administratives sont permanents ; il en est d'autres qui,
à chaque époque troublée, viennent s'y ajouter. Il est avéré, di-
saient les lettrés, que lorsqu'en 1853, la dynastie fut sérieusement menacée par les Taï-ping, si les missionnaires n'ont pas
fait cause commune avec eux, quelques-uns ont au moins fait des
vœux pour le triomphe de leurs tentatives de restauration[1].

---

[1] Cela est vrai des missionnaires protestants, mais non de la généralité des catholiques. Hung Siu-tsuen, le chef des Taï-ping, avait été le disciple du Rév.
I. J. Roberts en 1847.

On sait que ces Taï-ping n'avaient rien de commun avec les Nienfei qui ont fait le sac de Chang-haï. Il est vrai qu'ils ont fait éprouver à Nanking un sort plus horrible en la détruisant de fond en comble et en passant les habitants au fil de l'épée ; mais ce n'étaient pas des brigands n'ayant pour but que le pillage ; ils constituaient un parti qui poursuivait un objectif politique sous un étendard national. Ils eussent pu rallier tout ce qui en Chine cherche à secouer la domination tartare qui pèse sur ce pays depuis deux siècles. Au moment des négociations qui suivirent l'expédition anglo-française, les plénipotentiaires agitèrent eux-mêmes la question de savoir s'il n'y aurait pas intérêt pour les puissances étrangères, à renverser la dynastie des Ta-tsing ; si alors, les Taï-ping avaient présenté à leur tête un prétendant sérieux, il se peut qu'ils eussent trouvé dans les forces alliées un appui capable d'aider au triomphe de leur cause, tandis qu'elles se tournèrent contre eux.

Cependant, à côté des représentants de la politique européenne il se trouvait des missionnaires protestants qui n'avaient pas été étrangers aux suggestions et aux projets des négociateurs ; en effet, la doctrine des Taï-ping leur avait apparu comme un secours d'en haut favorable à la propagation de la foi, et voici sur quelles raisons ils s'appuyaient : La doctrine religieuse des Taï-ping, c'est-à-dire des *grands pacificateurs*, est une sorte d'amalgame où se trouve du judaïsme, du nestorianisme, du protestantisme et du mahométisme ; leurs écrits canoniques renferment l'Exode, le Lévitique, les Nombres, l'Évangile selon saint Mathieu. La doctrine, prétendent-ils, prend sa source en Judée dont le Christ a été le roi ; les points de contact avec l'islamisme sont la pluralité des femmes, les ablutions, la prière quotidienne annoncée par le canon ; la polygamie est également contenue dans l'Ancien Testament.

Pour les Chinois, la religion des Taï-ping présentait donc des analogies avec celle des chrétiens ; ces rebelles tranchent la tête aux fumeurs d'opium et les Chinois convertis affirment qu'ils n'ont jamais été maltraités pour leur foi ; quand la croix leur a été arrachée des mains, c'était dans l'ivresse du combat : mais le calme revenu, leurs images étaient respectées. Il est certain qu'ils redoutaient beaucoup plus les impériaux.

Tous ces faits étaient notoires et les sympathies des missionnaires se trouvent attestées par certaines pièces parmi lesquelles on peut citer une lettre datée de 1852, écrite à la maison de Zi-ka-wé près Chang-haï, par le P. Clavelin au P. Languillat[1]. L'auteur de cette lettre se demande s'il ne serait pas possible de donner une direction aux événements et de les faire aboutir au triomphe des Taï-ping; mais il ajoute que rester au milieu des rebelles c'est rompre avec les impériaux et que si ces derniers triomphent, les chrétiens sont perdus. Il conclut à la neutralité et à la prudence afin de ne pas compromettre les représentants de la France; et d'un autre côté fallait-il abandonner Nanking, foyer de la mission la plus prospère? Ils s'y résolurent cependant, parce que les Taï-ping en présence de la résistance des troupes impériales, devenaient de plus en plus sanguinaires et ruinaient tout; mais si les Chinois, après la victoire qui reste à la fin de leur côté, constatent que les missionnaires n'ont pas combattu du côté de l'ennemi, ils savent aussi que le Taï-ping-wang, empereur des révoltés, a solennellement répudié toutes les persécutions exercées contre la foi chrétienne et qu'il a annoncé qu'une fois sur le trône, il ordonnerait que toute la Chine s'y convertît : ils se rappellent encore que pendant l'occupation de Nanking, les missionnaires ont été les hôtes de Kouan-si-jen, qu'ils ont eu des amis chez les Taï-ping, qu'ils ont exercé au milieu d'eux leur ministère et qu'ils ont cru un instant à leurs succès, et qu'ils avaient souvent exprimé hautement leur préférence pour l'administration ferme, la discipline, le respect de la propriété des Taï-ping, comparés à la lâcheté du gouvernement impérial.

Ces souvenirs ne pouvaient manquer d'être invoqués par Tcheng Ko-jui, qui représentait les missionnaires comme les ennemis de la dynastie[2].

---

[1] Tous les deux de la Cie de Jésus.
[2] Pour lui, il n'y a pas de distinction de missionnaires : il englobe dans une même haine les catholiques et les protestants.

Il y avait alors au palais deux partis très distincts : l'un qui, bien que hostile aux Européens, maîtrisait ses sentiments, parce qu'il comprenait que la lutte avec eux était inopportune et prématurée ; mais il était considéré comme leur étant sympathique. A la tête de ce parti, était le prince de Kong, régent de l'empire, Sui-tchang et Ouen-tsiang, tous trois Mandchoux. L'autre parti, composé de Mou-tchang, Sue-huan, Chia-chen, Tau-tui-sian, Pao-chun Wo, les quatre premiers Chinois, les deux autres Tartares, constituaient le parti de la guerre. Bien qu'ils reconnussent la puissance des étrangers, ils pensaient qu'il était urgent de prévenir les exigences croissantes et surtout l'imminence de la demande de revision des traités. Le mieux était de tenter l'entreprise et de faire l'essai des troupes instruites à l'européenne et des engins sortis de l'arsenal de Fou-tcheou ; c'est le parti qui, après les affaires de Tien-tsin, rappellera la défaite des Français en Corée et en conclura que les battre sera plus facile.

Ces propos franchissaient l'enceinte impériale et de là se répandaient par l'entremise des lettrés dans tout l'empire.

Tchoung-heou, surintendant des sels, homme riche et puissant, était regardé comme sympathique aux étrangers. Au fond il voyait, comme le prince Kong, que la plus sage conduite à tenir était de se tenir en bons termes avec les étrangers ; mais de tels sentiments sont de ceux qui se modifient aisément lorsque des circonstances favorables se présentent. C'est certainement d'après ce principe que Tchoung-heou se conduisit dans les événements de Tien-tsin, il déploya assez d'habileté pour ne pas se compromettre aux yeux des Chinois et pour qu'il fût difficile de l'accuser d'avoir favorisé le complot. La veille même des massacres, le directeur des douanes, M. Hannen, alla le trouver et en reçut cette réponse : « Je suis débordé, je vois que je ne puis rien et je crains beaucoup. »

La vérité est qu'à ce moment, il eût pu être impuissant et victime lui-même ; mais n'aurait-il pu empêcher que les choses en vinssent à ce point ?

Quelques semaines avant les massacres, c'est-à-dire vers le

milieu du mois de mai, le cri de voleurs d'enfants retentissait dans tout Tien-tsin. C'était le mot d'ordre destiné à tenir le peuple en éveil et prêt pour les excès qu'on voulait de lui. En même temps, des proclamations étaient affichées dans toutes les villes de l'empire, dans lesquelles on dénonçait les vols d'enfants, les sacrifices qu'on en faisait, les souterrains infernaux où l'on extrayait de leurs cadavres les yeux, les cœurs et les cervelles, afin d'en composer des drogues magiques.

Vers le 17 juin, le tche-fou de Tien-tsin fit circuler des bruits afin d'exciter la foule contre les missionnaires. M. Lay, consul anglais, appelle l'attention de Tchoung-heou qui oublie ou refuse de lui répondre ; il lui demande une audience pour le lendemain, même silence. Le matin du 21, il lui adresse une lettre plus pressante ; mais c'est le jour des massacres et il n'est pas étonné de ne rien recevoir du gouverneur.

De son côté, le consul de France, dont les relations avec la légation étaient tendues, n'avait pas tenu le chargé d'affaires au courant de ce qui se passait à Tien-tsin ; d'ailleurs qu'eût pu faire ce dernier[1]? Car l'enquête a démontré que loin d'être une de ces colères subites, ce fut un complot dès longtemps médité et préparé ; de plus, son heure était fixée, car partout en Chine, jusque dans les points les plus reculés, les étrangers et spécialement les Français ont été attaqués le même jour.

Quelques jours avant les massacres, les sœurs de charité avaient consenti à ce que quelques individus sans mandat, quelques émeutiers peut-être, pénétrassent chez elles pour se livrer à des perquisitions du genre de celles qui avaient été faites chez les jésuites de Nanking. Le résultat, bien entendu, fut négatif; mais on se garda de le proclamer et les soupçons continuèrent à planer sur les sœurs.

Quand le tche-fou et le tche-hien se présentèrent pour se livrer à l'expertise médicale des cadavres d'enfants récemment morts

---

[1] A Paris, il se préparait des événements d'une bien autre gravité, car déjà la guerre allait être déclarée à l'Allemagne.

du typhus, ils furent d'abord éconduits par le consul de France, ce qui était une faute, car ce refus autorisait les soupçons. Ainsi que nous l'avons vu, cet examen se fit plus tard, mais, bien qu'il ne donnât lieu à aucune constatation défavorable aux sœurs, le seul fait qu'on les eût soupçonnées, suffit à les mettre en suspicion; d'ailleurs leur oubli relatif à l'ensevelissement de plusieurs cadavres dans une même bière, servit de base à des calomnies odieuses.

Le 20 juin, des démonstrations menaçantes éclatent dans la ville; on crie partout contre les propriétés des Européens qui font obstacle aux courants des bons Foung-choue[1] et causent les calamités publiques; quant aux convertis à la Tien-chou-kiao, c'est-à-dire aux catholiques romains, ils sont spécialement désignés afin d'expier leurs crimes.

Le 21 juin, vers midi, une foule énorme est rassemblée sur le quai, au point de jonction du canal impérial et du fleuve Peï-ho. Près de là est le consulat de France et à quelque distance se trouve le yamen du gouverneur de la ville.

Un domestique attaché au consulat sort et cherche à se frayer un passage au milieu de la foule; il heurte un enfant qui lui lance une pierre; un tumulte éclate, c'est le signal du drame. A ce moment le consul de France sortait du yamen de Tchoung-heou qui lui avait tenu un langage rassurant, paraît-il, et conséquemment contraire à celui tenu la veille à M. Hannen. Du moins cette version a été émise, car il a été avancé qu'une altercation grave aurait eu lieu au cours de laquelle le consul se serait emporté et aurait tiré un coup de revolver sur Tchoung-heou.

Il est difficile d'être bien fixé sur ce qui se passa, car le consul devait être tué quelques instants après, sur le chemin du yamen au consulat. Assailli, il sortit de sa chaise, et fit feu sur les agresseurs; mais la lutte devait être courte et il tomba criblé de coups. Son chancelier Simon, qui l'accompagnait, chercha à fuir: il put

[1] Esprits qui sillonnent l'air : c'est une des superstitions principales de la nation chinoise.

s'éloigner à une certaine distance, grâce au cheval qu'il montait, mais il ne tarda pas à être massacré.

A la même époque M. Thomassin, interprète de la légation, rentrant de France et se rendant à Peking, avait eu la fatale idée de venir passer la nuit au consulat au lieu de rester à Su-tchu lin ; il sortit accompagné de sa femme ; à peine avait-il fait quelques pas qu'il reçut un coup de pique et fut jeté dans le fleuve ; il eut la force de nager quelque temps, puis il fut emporté par le courant et ne reparut plus ; sa femme eut le même sort.

C'est alors que le feu fut mis au consulat. Le sin-taï de Takou, appelé Cheu-tze, bouton rouge, homme influent, riche et mahométan, dirigea l'attaque et déploya une ardeur extrême.

Après le consulat vint le tour de la cathédrale qui lui était contiguë et que les flammes dévorèrent en peu de temps. Alors, dans toute la cité, le gong retentit comme un immense appel aux armes. Les émeutiers se présentent au pont pour le franchir et rencontrent des hommes armés commandés par Tchen Ta-swaï ; le cri de *Kou-hu!* cri de fraternisation, est poussé, le pont est franchi et les conjurés se répandent dans la ville. Une fraction se dirige vers l'orphelinat de Saint-Joseph et frappe à la porte, celle-ci s'ouvre aussitôt ; la supérieure se présente et d'une voix énergique elle s'exprime ainsi : « Vous voulez notre vie, prenez-la : suivez-moi, vous nous trouverez rassemblées dans le sanctuaire ; mais épargnez nos enfants. »

Ces paroles n'arrêtent pas ces hommes ivres de sang ; ils se ruent sur les sœurs, les massacrent toutes, puis mettent le feu à la maison ; environ quarante petits enfants réfugiés dans les souterrains périssent asphyxiés, plusieurs vieillards infirmes sont torturés [1].

Une femme employée à l'orphelinat a été témoin du fait suivant qu'elle a raconté à M. Wade, ministre d'Angleterre : Les

[1] Les sœurs étaient au nombre de 9 : 4 françaises, 2 beiges, 2 italiennes, 1 anglaise.

M. Fontanier, consul de France ; M. Simon, chancelier du consulat ; le P. Chevrier, M. et Mme Thomassin, M. et Mme Chalmaison, M. et Mme Protopopoff, M. Barof forment avec les 9 sœurs les 20 victimes.

sœurs ont été empalées encore vivantes ; leurs entrailles ont été ouvertes, on leur a arraché les yeux, coupé les mains et leurs débris ont été jetés à la rivière[1].

Il est certain que lorsqu'on voudra reconstituer leurs cadavres, on ne trouvera ces débris qu'en nombre insuffisant.

Le soulèvement s'était étendu à tout Tien-tsin. Les émeutiers étaient arrivés au paroxysme de la fureur. Ils se sentaient du reste soutenus par les autorités elles-mêmes. Tous les étrangers qui se trouvèrent à leur portée furent massacrés ; un seul Français, M. Coutris, restait dans la ville ; il parvint à s'enfuir et à gagner Su-tchu-lin.

Une heure avait suffi pour achever l'œuvre des incendies et des massacres ; le drapeau français fut arraché du consulat et jeté dans le Peï-ho.

Le 22, les résidents anglais et allemands vinrent à Su-tchu-lin. Le feu avait été mis à l'église protestante ; mais ce n'était là qu'une tentative isolée et sans énergie, il semblait que toute la fureur de la veille se fût épuisée ; d'ailleurs la présence du steamer américain, le *Manchu*, était quelque peu faite pour en imposer, surtout quand à ce bâtiment vinrent se joindre successivement l'*Appin*, le *Dragon*, le *Racer* et l'*Opossum*. Lorsque les flammes des incendies eurent cessé d'éclairer les scènes de carnage, tout rentra dans l'ordre ; mais ce qui venait de se passer ne devai' être que le signal d'un immense soulèvement s'étendant à tous les points de la Chine. Aucun Européen ne devait, suivant le programme des organisateurs du complot, échapper à la vengeance.

Le lendemain, Tchoung-heou eut avec les consuls une entrevue officielle chez M. Hannen. Il paraissait très affecté. Sa responsabilité était énorme ; il se confondit en expressions de regrets et offrit une garde de six cents hommes pour assurer la sécurité aux résidents de Su-tchu-lin ; mais ceux-ci n'en ont nul besoin ; les

[1] Nous étions quelques jours après les massacres à Tien-tsin, nous avons pris à ce sujet des informations d'où il résulte que l'assertion du témoin n'est pas suffisamment prouvée quant à ce qui a trait à l'horrible détail de l'empalement : le reste est exact.

bâtiments armés leur suffisent. Il accuse Fontanier d'être peut-être l'auteur de tant de maux; il est, suivant lui, venu calme d'abord, puis il s'emporte et exige qu'il l'accompagne au consulat afin de le protéger; Tchoung-heou refuse, le consul tire son revolver, mais ne l'atteint pas; c'est alors qu'il quitte le yamen pour ne pas tarder à être massacré.

Tchoung-heou pouvait présenter les faits à sa guise quand la victime n'était plus là pour protester contre ce que ses assertions contenaient de faux ou d'exagéré.

Donc, l'heure du soulèvement général avait sonné; tel était le sentiment des étrangers qui ne songèrent plus qu'à se défendre. Dans les ports, des milices s'organisèrent et à Chang-haï, notamment, un corps de volontaires de toutes les nationalités, bien équipés et bien armés, s'exerça et se tint prêt.

A Peking, les légations étaient animées de sentiments divers. Ce n'est pas que les ministres craignissent pour eux-mêmes; le gouvernement n'était ni assez faible pour ne pas les protéger ni assez peu clairvoyant pour s'associer à un mouvement qu'il pouvait d'ailleurs désavouer après que le sacrifice était consommé[1]. Les faits ne perdaient rien de leur signification et, circonscrits comme ils l'avaient été à l'élément français[2], il ne semblait pas aux Chinois que les ministres des autres légations dussent s'associer aux plaintes de la France.

Nous sommes au 23 juin, Tchoung-heou fait afficher la proclamation suivante :

« J'ai adressé à l'Empereur et j'attends la réponse. Tien-tsin est un port ouvert à tous les étrangers avec qui les Chinois ont toujours vécu en bonne intelligence; j'ai donné des ordres pour que l'ordre reparût; les émeutiers seront sévèrement châtiés. »

Le Tche-hien de son côté fait placarder ce qui suit :

« J'ai reçu une dépêche de Tchoung-heou disant : J'ai déjà

---

[1] Cependant ils se tenaient prêts à partir au premier signal du danger : en ce cas eux et leur personnel eussent pris la route de Mongolie.

[2] Les victimes russes avaient été prises pour des Français. C'est la réponse qui fut faite au consul de Russie après les événements.

adressé une note au sujet des événements du 21. Il faut arrêter
et exécuter celui qui touchera aux étrangers. Le Tche-hien sur-
veillera la ville, protégera les magasins, maisons et consulats ;
il agira sous sa propre responsabilité. »

Le 25 juin paraît un édit impérial dans lequel le souverain
s'exprime ainsi :

« Nous avons appris qu'un conflit a éclaté entre le peuple de
Tien-tsin et les missionnaires; ce conflit est né de l'accusation
de vols d'enfants et aussi de la rage provoquée dans la population par le consul de France qui a tiré des coups de feu dans le
yamen de Tchoung-heou sur le tche-hien, ce qui s'est terminé
par sa mort et la destruction des églises.

« Tchoung-heou n'a pas su maintenir la tranquillité publique ;
le tao-taï Tcheou-chich-hien, le tche-fou Tchang Kouan-tsao, le
tche-hien, sont coupables d'impuissance : le Li-pou (tribunal de
justice) les châtiera sévèrement.

« Tseng-kouo-fan va procéder à une enquête, arrêtera les
voleurs d'enfants et d'accord avec Choung-heou, fixera les res-
ponsabilités. »

Tchoung-heou fait afficher cet édit, et ajoute que les traités inter-
nationaux concèdent aux missionnaires le droit de prêcher leurs
doctrines; aussi punira-t-on ceux qui les inquiéteront. Le style
de la proclamation impériale donne à penser que Tchoung-heou
est déjà disculpé par son gouvernement et qu'il n'a rien à redou-
ter de sa part après l'enquête.

A la nouvelle des massacres, les ministres, rassurés sur le
danger pour eux-mêmes, exprimèrent au chargé d'affaires de
France la peine qu'ils prenaient aux malheurs qui venaient d'arriver. Mais là se borna leur intervention, et quant à l'action
commune en vue des représailles à exercer, il n'en fut pas question. La France seule avait été insultée, c'était à elle seule de se
venger. Cette attitude ne devait pas échapper au gouvernement
chinois et elle lui servit de ligne de conduite; il comprit qu'il
était prudent de s'opposer à ce que les événements prissent
plus d'extension afin d'être plus fort quand viendraient les reven-

dications. D'ailleurs si, à cette époque, il est certain qu'il n'eut pas quelque vent du conflit européen, il allait bientôt apprendre la nouvelle de la déclaration de guerre franco-allemande. Quelque issue que dût avoir cette guerre, il lui semblait qu'il n'avait guère à craindre que les événements de Tien-tsin en entraînassent une avec la France.

Ici se place le récit des funérailles des victimes qui eurent lieu le 3 août à neuf heures du matin dans l'église à moitié incendiée. Un catafalque immense s'élève au centre; l'absoute est dite par le P. Della Corte, supérieur de la mission du Kiang-nan.

Les corps avaient été provisoirement inhumés au cimetière de Su-tchu-lin; ils en furent relevés et placés dans d'immenses cercueils qu'on chargea sur des bateaux chinois.

La canonnière l'*Aspic* reçut les ministres et les officiers : le *Scorpion* reçut les autres invités.

Le cortège quitta le quai de Su-tchu-lin et remonta le fleuve au milieu d'une foule immense, silencieuse, mais cachant des sentiments hostiles à la vue de cette solennité et de ces cercueils qu'on allait déposer sur le terrain même du consulat, pour qu'ils restassent les témoins des horreurs qu'elle avait commises, et qu'accompagnaient les autorités chinoises elles-mêmes ayant à leur tête Tçhoung-heou.

La police avait donné des ordres sévères; elle savait d'ailleurs qu'à la moindre manifestation, l'amiral Dupré était fermement décidé à bombarder la ville. Les treize cercueils abordent et sont portés sur le terrain du consulat déblayé de ses ruines et nivelé; on les descend dans les treize fosses; l'abbé Thierry, pro-vicaire de Peking, préside la cérémonie religieuse, assisté par deux prêtres indigènes ; il prononce une allocution émue, à laquelle succède un discours de M. Wade, un autre du chargé d'affaires, un dernier enfin de l'amiral Dupré qui parle en termes énergiques.

Le vendredi suivant, M. de Rochechouart fit sa rentrée à Peking et adressa au Tsong-li-yamen une dépêche dans laquelle il dit que, si au 31 août il n'a pas obtenu les trois têtes des Tao-tai,

Tche-fou, Tche-hien, il abaissera le drapeau français et quittera la légation.

Il est certain d'autre part que le Tche-fou et le Tche-hien ont quitté impunément Tien-tsin et qu'on ne sait où ils sont.

Pendant ce temps un grand conseil est tenu à Peking ; vingt hauts mandarins y assistent ; tous veulent la guerre ; le prince de Kong s'y oppose, affirmant qu'elle serait imprudente ; on conclut à concéder l'exil des trois mandarins de Tien-tsin et la réfection des propriétés incendiées ; quant aux têtes, on ne consentira jamais, fût-ce au prix de la guerre, à les accorder.

Les choses s'assombrissent : le premier ultimatum du chargé d'affaires de France n'a pas effrayé les Chinois ; il en lance un deuxième qui doit expirer le 22 août et qui aura le même sort ; le drapeau français continue donc à flotter sur la légation ; les Chinois crient partout que les choses s'arrangeront avec de l'argent ; un édit secret a paru où on se moque de l'idée qu'un seul mandarin sera livré aux étrangers.

Le Tsong-li-yamen le prend de plus en plus de haut avec le chargé d'affaires de France qui se voit peu à peu isolé. La veille de son départ pour Peking, M. de Rochechouart avait eu une entrevue avec Tseng Kouo-fan, devant lequel il avait réitéré ses menaces. Ce dernier avait rendu compte de cette entrevue au Tsong-li-yamen, disant que le chargé d'affaires avait été plein d'arrogance et de présomption ; il ajoute qu'il a ordonné au grand juge du Tcheli de prendre le Tche-fu et Tche-hien et de les amener à Tien-tsin pour y déposer ; que l'enquête serait faite et que le résultat lui en serait communiqué ; mais, dit-il, le chargé d'affaires n'a pas voulu attendre et est parti furieux.

L'année suivante, Tchoung-heou fut chargé d'aller en France pour s'entendre avec le gouvernement français au sujet des événements de Tien-tsin. A cette époque, il était difficile d'exiger autre chose qu'une indemnité pécuniaire aux familles des victimes et la restauration des monuments détruits. C'est ce qui eut lieu. Le chargé d'affaires retourna ensuite à Peking.

Il est difficile de contester que de tels événements ont singulièrement amoindri le prestige des étrangers et particulièrement des Français aux yeux de la nation et du gouvernement chinois.

NOTES ET DOCUMENTS EXPLICATIFS

Note 1

20 août 1867. — Le ministre de la légation de France ne s'oppose pas à ce que trois missionnaires se rendent en Corée, mais à condition qu'ils agissent à leurs risques et périls sans prétendre engager la légation et le gouvernement français.

Note 2

Septembre 1868. — Le ministre de la légation de Peking adresse une lettre circulaire aux chefs de toutes les missions religieuses catholiques sans distinction de nationalité. Le protectorat de la France avait été admis et reconnu par les ministres des puissances intéressées ; cependant le ministre d'Espagne, M. Garcia de Quevedo, revendiqua la protection des dominicains espagnols et il adressa à ses agents une circulaire déclarant que l'Espagne entend protéger ses missionnaires et prescrivant aux religieux de considérer comme sans valeur les passe-ports français. En fait, rien ne stipulait, dans les traités de Tien-tsin, que la France dût abdiquer le protectorat quand il conviendrait au gouvernement espagnol de le demander. La réclamation n'a pas eu de suite ; d'ailleurs les dominicains de Formose déclarèrent qu'ils aimaient mieux rester sous le protectorat de la France puisque l'Espagne, le cas échéant, n'avait aucun navire de guerre pour exercer ce protectorat d'une façon efficace. Cette déclaration est contenue dans une lettre que le P. Fernando Saïnez, provicaire apostolique de Formose, adressa au consul général de Changhaï le 10 septembre 1868.

Note 3

A la date du 15 novembre 1868, il arrive à la légation de Peking de très mauvaises nouvelles de l'intérieur au sujet des missions. Au Kouei-tcheou, l'abbé Chénier a été attaqué, pillé et volé de 50,000 taëls ; l'abbé Peyraldi a été chassé du Honan et a dû chercher un refuge auprès de ses confrères de Han-Keou : Les missionnaires protestants établis dans les divers points du Yang-tze-kiang sont eux-mêmes menacés à chaque instant.

Note 4

Il existe en Chine quatre catégories de rebelles.

1. Les Tchang-Mao (longs cheveux) qui laissent pousser les cheveux pour protester contre la dynastie actuelle.

2. Les Nien-fei. Ce sont des brigands qui pillent et dévastent tout ce qu'ils rencontrent.

Lorsqu'en 1868, ils menacèrent Peking, ils commirent des férocités inouïes ; à quelque distance notamment de Tien-tsin le long du canal impérial, ils massacraient sans pitié les femmes et les enfants ; ils ouvraient le ventre des mères et y plongeaient leur nouveau-né. Nous fûmes témoin de ces scènes ; des milliers de cadavres entraînés par les eaux du canal, venaient jusque dans l'intérieur de Tien-tsin et, au point où ce canal se jette dans le fleuve, s'arrêtaient là formant un vaste tourbillon sanglant. La ville fut infectée, et le consul de France dut intervenir activement pour obtenir des autorités chinoises qu'ils ordonnassent l'inhumation de ces hécatombes humaines qui menaçaient d'empoisonner la ville.

Leur principal chef était Tchang Tsong-ya ou Siao Yen-mang, dont la tête fut mise à prix pour vingt-cinq mille taëls.

Les missionnaires eurent souvent à souffrir de leurs déprédations. A l'inverse des Tchang-Mao, ils se rasent.

3. Les Tzi-ma-tze, hommes à cheval ; ce sont des brigands également sans couleur politique.

4. Les Musulmans du Chensi ont un but politique ; ils veulent renverser la dynastie actuelle. On ne saurait méconnaître qu'ils font de grands progrès en Chine et leurs succès dépendent en grande partie de ce qu'ils agissent toujours avec ensemble et suivant un mot d'ordre, tandis que les autres rebelles n'opèrent guère qu'isolément, poussés par la préoccupation de piller les populations afin de vivre à leurs dépens. En 1870 ils étaient au nombre de 450,000, commandés par Ma-ho-lung.

Note 5

Dans le mémoire que Tseng Kouo-fan, vice-roi des deux Kiang, adressa à l'Empereur au sujet de la révision des traités, en juin 1868, il est question des missionnaires dans les termes suivants : « Il n'y a pas à craindre que les missionnaires fassent beaucoup de conversions : la Chine tient aux doctrines de Confucius, tandis qu'on voit toutes les autres religions prospérer un instant, puis s'éteindre. Le protestantisme est en lutte avec le catholicisme, le mahométisme envahit l'Inde et tend à supplanter le bouddhisme. Les catholiques ont d'abord cherché à gagner les adeptes avec de l'argent, mais ils n'ont eu que peu de succès : cependant on a accordé de suffisantes facilités aux ministres des religions étrangères..... » Tseng Kouo-fan conclut à l'expulsion des étrangers par la force.

Note 6

En mars 1869, on apprend qu'un missionnaire américain du nom de Johnson a été massacré dans la province du Honan.

Note 7

En mars 1869, la légation de France insiste pour que le Tsong-li-yamen, en finisse avec la question du meurtre de l'abbé Rigaud. Le gouvernement chinois consent à envoyer au Se-tchouan, Tsiang-kioun, frère de Tchoung-heou, et ayant le titre de maréchal ; il a pour mission de faire une enquête au sujet des affaires religieuses et de punir les coupables.

Note 8

23 septembre 1869.— Le ministre d'Autriche se rend à Peking afin de signer un traité avec le gouvernement chinois. Les difficultés ont porté sur deux points dont le premier est la liberté de conscience. Le baron de Petz demandait le droit de prédication pour les religions pratiquées en Autriche ; le gouvernement chinois s'y refusa parce qu'il crut qu'il s'agissait d'introduire de nouvelles religions. Le baron de Petz insista inopportunément, puisqu'il pouvait à cet égard user de la clause de la nation la plus favorisée ; il essuya donc un refus et par conséquent un désavantage moral, car les Chinois ne cédèrent pas.

Note 9

Dépêche adressée par le maréchal Tsong envoyé par le gouvernement au Se-tchouan au sujet des affaires religieuses : cette dépêche a été communiquée à la légation de France en décembre 1869 :

« Après les scènes d'incendie et de massacre qui eurent lieu à Tche-fan-tsi entre la population et les chrétiens, la situation ayant empiré, le gouverneur du Se-tchouan délégua le préfet surnuméraire de deuxième classe Tseng Choan-tao. Le Tao-tai délégué, Chi, lui transmit des instructions verbales. Accompagné d'une suite nombreuse d'officiers civils et militaires et de soldats, Tseng Choan-tao pénétra dans la chrétienté fortifiée de Tche-fan-tsi où il rencontra le prêtre chinois Tann.

« Ce dernier, sur les représentations qui lui furent faites, fit désarmer et détruire les fortifications et licencier les défenseurs. Sur ces entrefaites, le Tao-tai, Chi, dont le caractère conciliant est connu de toute la population de Yeou-yang-tcheou, arrivait dans le district et y rétablissait l'ordre.

« On distribua des secours sans distinction de religion à tous ceux qui avaient souffert et on prit des mesures pour prévenir de nouvelles incursions des brigands.

« L'évêque Desflèches montre en vérité une grande partialité envers les chrétiens qu'il protège : le Tao-tai, qui l'a vu à son retour, prétend que ce missionnaire a fait avec lui preuve de plus d'éloquence que de raison : en un mot cet évêque accuse de mensonges les rapports des autorités locales et s'acharne à impliquer dans les affaires, le notable Tchang Pe-tcho.

« Si l'évêque pouvait nous aider à arrêter ceux des siens qui sont les instigateurs du meurtre des miliciens et autres, tandis que de notre côté, nous nous appliquons à arrêter les instigateurs du meurtre des chrétiens, nous pourrions aisément trouver leurs complices, faire justice et aplanir les difficultés ; mais il est loin d'en être ainsi et quand l'évêque écrit à la légation, il raconte l'histoire à sa façon.

« Les états des pertes supportées des deux côtés par les populations de Yeou-yang sont les suivants :

« Procès-verbal n° 1 (Janvier 1869). — Le cadavre de l'abbé Rigaud a été trouvé dans l'Église. Le crâne était fracturé et calciné ainsi que les quatre membres ; la femme Hoang-çan-ko déclare avoir ouï dire que la tête a été jetée au feu après décollation. Dans les décombres on a trouvé 30 corps de l'un et l'autre sexe et on suppose que ce sont ceux de chrétiens chinois venus à l'office ; ils portent des traces de coups de sabre : quelques-uns n'ont pu être reconnus.

« Procès-verbal n° 2 (janvier 1869). — 24 miliciens et autres non chrétiens ont été trouvés morts après une cérémonie du culte chinois ; 11 personnes ont été blessées.

« Procès-verbal n° 3 (avril 1869). — Il comprend la liste des gens tués par les chrétiens sous la conduite d'un prêtre indigène appelé Tann. Il y a 113 hommes et 16 femmes : quelques corps ont été enlevés en cachette.

« Procès-verbal no 4. — Il comprend la liste des gens tués par les chrétiens commandés par le prêtre Tann : il y a 16 cadavres dont huit mis en pièces : 3 femmes violées et une brûlée dans l'huile.

« Procès-verbal no 5 (1er mars et 13 avril). — Il mentionne le nombre des maisons incendiées par les chrétiens commandés par Tann ; ce chiffre s'élève à 105 formant 800 chambres ; il y a 700 personnes lésées à divers degrés. »

ADRESSE DES NOTABLES ET DES POPULATIONS DE YEOU-YANG :

« Depuis la conclusion des traités entre la Chine et la France, la religion catholique a pénétré dans toutes les provinces et la tranquillité publique n'a pas été troublée, sauf au Se-tchouan où l'évêque Desflèches fait des prosélytes sans discerner les bons des mauvais ; ces derniers commettent des exactions et ce que l'évêque souhaite par-dessus tout, c'est de les voir devenir l'occasion d'affaires lucratives. Ainsi pour l'église de Tchong-king, il a été payé une indemnité de 150,000 taëls (près de 2 millions de francs) : A Yeou-tchang, au sujet du meurtre de l'abbé Mabileau par Lao-ou, ce dernier a été condamné à mort et on ne se tiendra satisfait chez les chrétiens que quand ils auront reçu une indemnité de 80,000 taëls !

« Ce qui est le plus révoltant, c'est que le riche notable Tchang-Pe-tcho qui ferme l'oreille et sa porte aux propos malveillants, est accusé par l'évêque Desflèches cherchant à l'impliquer dans le procès afin d'en tirer de l'argent ; c'est là un système de chantage que nous payons de notre sang et de nos sueurs. Ainsi, les chrétiens nous suscitent partout des embarras à son instigation en vue d'un gain.

« L'an dernier à Yeou-yang-tcheou, s'éleva une rixe entre les chrétiens et nous : il y eut des morts de part et d'autre ; la famille chrétienne Lung-siou-yuan était sur le point de s'allier à la famille des Chou-yong-taï par un mariage ; mais ce projet fut brisé d'une manière humiliante pour cette dernière qui fut dépouillée de ses biens et vit ses maisons incendiées.

« Le peuple s'indigna, les milices se soulevèrent ; des deux côtés il y eut des morts et des blessés. Les notables voulurent s'interposer pour calmer les partis ; ils allaient réussir quand un chrétien, Tann, se mit à la tête d'une troupe de bandits, nous attaqua à deux reprises en février et en août ; nous nous étions dispersés sans armes, lorsque nous apprîmes la nouvelle d'une tuerie de plus de deux cents hommes et d'actes horribles de cruauté. Si nos doléances ne sont pas prises en considération, il ne nous reste plus qu'à prier le Ciel de nous venir en aide. »

Note 10

Lorsqu'on apprit à Changhaï l'envoi de M. Burlingame auprès des cours étrangères, un grand meeting se tint et on délibéra sur la nature des vœux à formuler et à adresser auprès des représentants à Peking ; parmi les vœux, le cinquième porte que les ministres d'Angleterre et d'Allemagne devront réclamer pour les missionnaires protestants un traitement égal à celui des catholiques.

Note 11

La légation de France apprend en mars 1869 que les affaires du Se-tchouan ont pris une tournure grave. Le vice-roi paraît jouer un rôle de complice, car l'évêque l'a averti de la nécessité d'agir, et malgré cela il a refusé de laisser les troupes qu'il avait envoyées contre les brigands.

Note 12

Juin 1869. — Le rescrit impérial a provoqué une réponse destinée à préparer le départ de l'ambassade Burlingame.

Il est dit dans ce rescrit que les étrangers corrompent les Chinois, qu'ils construisent des églises dans lesquelles le peuple se porte pour se jeter dans les bras du diable et délaisser la religion de Confucius, etc.

Note 13

Il y eut plusieurs discours prononcés sur les tombes des victimes.

Le premier de M. de Rochechouart, est conçu en ces termes :

« Ma langue refuse de retracer les horreurs commises. Le consul est mort courageusement ; les sœurs sont tombées en martyres. Merci pour les sympathies qui sont aujourd'hui manifestées. L'empressement des autorités chinoises à assister à la cérémonie est une garantie de la sincérité du prince Kong qui punira les coupables. Le gouvernement de la Chine ne s'exposera pas au ressentiment de la France. »

Ce discours fut suivi de celui de l'amiral Dupré qui le prononça avec énergie, ce qui contrasta avec l'accent avec lequel fut débité le précédent :

« Je suis affligé au spectacle de ces cercueils où reposent de nobles victimes si lâchement assassinées ; ces sentiments sont partagés par les braves marins anglais et américains qui se sont joints à nous. Il faut que justice se fasse. L'empressement des autorités chinoises témoigne qu'elles se rendront à la raison et à la justice pour châtier les massacreurs. La France a pour devoir de punir ceux qui ont tué le consul, les prêtres, les saintes sœurs et ses nationaux ; nous agirons sans cruauté mais aussi sans faiblesse. »

Le ministre d'Angleterre, M. Wade, s'exprima en ces termes :

« Ma sympathie est grande pour le sort fatal de ceux qui sont morts et surtout pour les pauvres sœurs de charité dont une était ma compatriote. Pourquoi ont-elles été victimes de tant de brutalités, elles qui ne sont venues ici que pour faire le bien ? Il faut une punition sans vengeance ; ces événements porteront un jour leurs fruits. »

Note 14

Mémoire de Tseng Kouo-fan sur les événements de Tien-tsin.

Les massacres ont eu pour début l'accusation portée contre les missionnaires de vols d'enfants, d'yeux et de cœurs arrachés pour en faire des drogues.

Les gens simples et crédules ont pu ajouter foi à ces bruits, mais il y a aussi des lettrés qui les ont accueillis ; de là de grands malheurs [1].

Il faut distinguer la vérité du mensonge, et l'innocence de la culpabilité ; partout des placards incendiaires ont été affichés où l'on parle de vols d'enfants,

---

1) Il est difficile de savoir ce qui en est au sujet de cette croyance. Les Chinois sont très superstitieux sans doute ; mais jusqu'à quel point ajoutent-ils foi à ces bruits de cœurs arrachés pour en faire des drogues magiques ? Quand Tseng Kouo-fan eut à Tien-tsin un entretien avec les amiraux anglais et français et M. de Rochechouart, il fit à ces messieurs la réponse suivante à ce sujet « La plus grande partie de la nation chinoise le croit, et ceux qui ne le croient pas ne sont cependant pas sûrs du contraire. »

Nous pensons que cette interprétation exprime mieux la vérité que ne le fait le mémoire du général chinois.

d'yeux arrachés et de femmes séduites et prostituées. Jusqu'ici on n'a pas cherché à savoir ce qui est au fond de ces accusations ; aussi mon premier soin a été de faire une enquête.

1° Wang-san a confessé que le vol d'enfants par les chrétiens chinois est réel, mais ensuite il s'est rétracté.

Les 150 enfants des sœurs de charité, interrogés, ont dit être venus chez elles spontanément.

2° Yeux et cœurs. — C'est une invention sans fondement. A la cinquième et sixième lune de cette année, deux ou trois enfants morts à l'hôpital ont été trouvés ensevelis dans un seul cercueil et cela a éveillé les soupçons. Les portes du Gen-tze-tang sont fermées toute l'année, ce qui excite les soupçons du peuple qui se demande ce qui se passe à l'intérieur. Alors on crie contre les missionnaires, mais les accusations n'ont aucune base ; c'est comme si on voulait saisir avec les mains la brise ou l'ombre qui passe.

Ces accusations sont si horribles qu'aucune nation civilisée n'en est capable. Sans doute, parmi les chrétiens chinois, il y a des méchants qui peuvent voler des enfants et se cachent derrière les missionnaires comme derrière un talisman ; mais il ne faut pas rendre ces derniers responsables. La religion catholique enseigne la vertu : l'empereur Kang'hi a permis de la prêcher ; ses hôpitaux peuvent être comparés aux nôtres ; elle cherche à fonder des asiles pour les pauvres, elle a la charité pour devise, elle est injustement accusée.

En conséquence je demanderai à l'Empereur qu'il condamne ces calomnies : j'espère que tout dissentiment entre les étrangers et les Chinois se dissiperont.

Note 15

Ting, membre du ministère de la guerre, censeur et gouverneur du Kiang-sou, proclame que le Fou-tai a enquêté au sujet des vols d'enfants par les catholiques et qu'il a vu que ce sont là des calomnies.

Note 16

Proclamation impériale formelle et précise de MA, vice-roi de Nankin:

L'article 13 du traité français porte que la religion chrétienne mène les hommes au bien. (Suit la partie relative à la liberté de conscience et du culte, aux égards dus aux missionnaires, à l'abolition des anciennes lois prohibitives contre le christianisme [1].)

Il y a une clause additionnelle au sujet du droit qu'ont les missionnaires d'acheter des terrains et d'y bâtir des églises ; les chrétiens n'en restent pas moins sujets chinois : leur religion commande le respect et l'obéissance envers l'Empereur et les lois de la nation, et dès lors ils doivent être traités avec égards comme tout Chinois.

Le Tsong-ly-yamen a ordonné de régler avec équité leurs affaires, ce qui fait l'objet, ainsi que l'attestent les archives, de communications officielles répandues dans tout l'Empire.

Cependant dans ces derniers temps les lettrés et le peuple entravent les acquisitions de terrain, les constructions d'églises ; les coupables ne sont pas encore arrêtés et c'est pourquoi le chargé d'affaires de France veut faire appliquer le traité. Il importe que l'entente se fasse entre les deux parties ; par cette proclamation on doit savoir que les traités autorisent la propagation de la religion sans

1) L'idée d'abolition est ici substituée à celle de pardon qui ressort du texte chinois du traité.

qu'on use de violence pour la faire embrasser. Les missionnaires exhortent à la
vertu.

Après cette proclamation, il faut se soumettre au traité ; on punira les trans-
gresseurs : obéissez en tremblant.

20e jour, 11e lune, 9e année de Tong-chich.

Note 17

Les meurtriers du vice-roi Ma ont déclaré qu'ils l'avaient assassiné à cause
de sa déclaration relative aux troubles de Nankin et dans laquelle il est dit
que les Français sont égaux aux Chinois. Les missionnaires sont obligés de
quitter Nankin.

Note 18

En 1869, un placard traduit d'une brochure intitulée le *Fouet excitateur*,
était colporté dans le Honan et ailleurs.

Dans cet écrit, les Anglais sont insultés ; l'auteur dit que sous le règne de
l'empereur Chwang-to de la dynastie des Ming, Li Ma teou (le P. Ricci) trompa le
peuple en prêchant la religion catholique. L'auteur cherche à réfuter les dog-
mes sur lesquels repose cette religion ; il se demande, par exemple, comment
Jésus-Christ, ayant été crucifié, n'a pas su défendre sa propre vie et comment
alors son âme pourrait donner du bonheur aux hommes ? Pourquoi donc ra-
conter de telles histoires à des êtres intelligents ?

Comment aussi, dit-il, croire que Jésus-Christ est mort parce que son disciple Kouan-yeu-paò (Judas) l'a vendu ? S'il ne voyait pas dans son âme, était-il
capable de discerner l'homme vertueux du méchant ? Etc., etc...

Note 19

Supplique de San-ko-lin-tsin. — En 1871, San-ko-lin-tsin adresse à l'empereur une supplique dans laquelle il fait l'historique des rapports entre les
Chinois et les étrangers. Il peint ces derniers sous les couleurs les plus sombres.
Ce sont de mauvais mandarins, car ils ne respectent pas l'empereur ; de mauvais fils, car ils méprisent leur père ; ils ressemblent à des vers à soie et leur
voracité, qui leur fait regarder la Chine avec des yeux de tigre, ne saurait être
assouvie. . . . .

Pour lui, il déteste de toute son âme les étrangers ; ils sont déjà établis a
Chang-haï où ils bâtissent des maisons à la mode étrangère ; cette poussière
sans utilité (l'opium) ils viennent l'échanger contre l'eau vive qui fait vivre
(l'argent.). . . . .
La supplique se termine par des cris d'alarme et de guerre à l'étranger.

Note 20

A la fin de 1871, parut une circulaire du gouvernement chinois contre les
missions catholiques et dont voici quelques extraits : Le commerce n'a donné
lieu à aucun différend entre l'Etat central et les Etats extérieurs ; il n'en est pas
ainsi des missions qui sont une source d'abus incessants ; elles ont pour but
d'exhorter à la vertu et elles produisent un effet inverse. Partout où paraissent
les missionnaires, ils s'attirent l'animadversion du peuple. Les premiers qui
vinrent dans l'Etat central, étaient désignés sous le nom de « Lettrés de l'Occident. » La plupart des conversions se faisaient parmi des gens respectables,
tandis que depuis la conclusion des traités, en 1860, la plupart des convertis
sont des gens sans vertu ; aussi cette religion reste-t-elle sans considération ;

aussi les consciences sont devenues la proie du besoin. A l'ombre de l'influence des missionnaires, les chrétiens ont continué à opprimer le peuple et à le tromper; de là des querelles et finalement des luttes incessantes entre les chrétiens et les non-chrétiens. Les missionnaires se liguent et s'insubordonnent avec les chrétiens contre les autorités légitimes... D'anciens rebelles mis hors la loi, cherchent un refuge dans l'église et abritent leurs désordres sous sa protection... Le peuple ignore la différence entre le catholicisme et le protestantisme et il confond les deux religions sous la première appellation. Il confond aussi tous les Européens sous le vocable d'hommes du dehors ; aussi quand des troubles éclatent, tous sont exposés aux mêmes dangers. Le prince Kong et les membres du yamen ont été depuis dix ans en proie à une incessante anxiété ; leurs craintes ont été justifiées par les événements de Tien-tsin dont la soudaineté a été accablante.... Cette affaire est aujourd'hui arrangée, mais le prince et le yamen restent sous le coup d'un malaise incessant........

En fait, si cette politique est la seule à laquelle on puisse recourir pour régler les différends entre chrétiens et non-chrétiens, elle deviendra de plus en plus précaire si le besoin de l'invoquer se répète et alors de nouveaux désordres semblables à ceux de Tien-tsin éclateront plus terribles encore[1].

Le prince et le yamen ont appris que les prêtres d'Europe respectent les lois et les coutumes des pays qu'ils habitent sous peine d'être sévèrement punis. Si les missionnaires, avant de construire leurs églises, ne se rendaient pas odieux aux mandarins et au peuple, si leurs actes étaient en accord avec leurs enseignements, s'ils évitaient en se récusant toute intervention locale, ils pourraient vivre en bonne harmonie avec nos indigènes et nos fonctionnaires. Mais ils constituent un nombre indéterminé d'Etats dans l'Etat. Comment alors empêcher que les gouverneurs et les gouvernés s'unissent contre eux ! . . .

En vue de protéger les intérêts de tous et d'arrêter les abus sus-mentionnés, le prince et le yamen ont l'honneur de soumettre à l'examen de Votre Excellence, un règlement en huit articles, lequel a été communiqué aux représentants des autres puissances.

PROJET DU GOUVERNEMENT CHINOIS.

ART. PREMIER. — Les chrétiens, lorsqu'ils fondent un orphelinat, n'en donnent pas avis aux autorités, et paraissent agir avec mystère. De là les soupçons et la haine du peuple. En cessant de recevoir des enfants. les mauvaises rumeurs, qui sont maintenant en circulation, disparaîtraient en même temps. Si cependant on désire continuer l'œuvre, on ne doit recevoir que les enfants des chrétiens nécessiteux, et alors les autorités doivent être informées, pour prendre note de la date de l'entrée, du nom des parents, et du jour de la sortie. Il serait aussi nécessaire que pouvoir fût donné aux étrangers d'adopter ces enfants, et l'on arriverait alors à un bon résultat. En dernier lieu, lorsqu'il est question d'enfants non chrétiens, les hauts mandarins devront donner des ordres aux autorités locales, qui choisiront des agents convenables pour prendre toutes les mesures qui leur paraîtront convenables.

En Chine les lois qui régissent les orphelinats sont : qu'à l'entrée et au départ des enfants, il est pris note de la personne qui les laisse ou de la personne qui les adopte, de la déclaration faite aux autorités, et de la permission donnée aux parents de visiter leurs enfants. Lorsque ceux-ci sont devenus plus grands,

---

1) Cette politique, comme on sait, a été fort clémente pour la Chine.— Les vrais coupables n'ont jamais été punis ; les Chinois ont été assez adroits pour le faire croire en décapitant quelques pauvres diables : ils en ont été quittes pour une indemnité pécuniaire. Il est difficile d'apprécier jusqu'à quel point le prestige de la France a souffert.

ils peuvent être adoptés par une personne sans enfant, ou repris par les parents eux-mêmes, et alors, quelle que soit la religion dans laquelle ils ont été élevés, ils retournent à la religion de leurs pères.

En toutes choses les enfants doivent aussi être bien traités. L'exercice de cette œuvre de charité devient un acte très recommandable.

Nous avons entendu dire que dans chaque pays les affaires se conduisent à cet égard à peu près comme en Chine. Comment se fait-il qu'une fois arrivés dans notre pays, les étrangers ne suivent plus ces coutumes ? Ils ne prennent aucune note de la famille à laquelle appartient l'enfant, et ne donnent aucun avis aux autorités ? Une fois que l'enfant est entré dans la maison, il n'est pas loisible à d'autres personnes de l'adopter, et les parents n'ont pas la permission de le reprendre ni même de le visiter. Tout ceci entretient les soupçons et excite la haine du peuple, et c'est ainsi que par degrés se produit un cas comme celui de Tien-tsin. Quoique nous ayons démenti dans un rapport toutes ces rumeurs d'yeux et de cœurs arrachés, le peuple cependant conserve encore des doutes à cet égard, et quand même nous parviendrions à lui fermer la bouche, nous ne saurions chasser ces doutes de son esprit. C'est ce genre de malaise qui donne lieu à de terribles événements. Ce serait une bonne chose d'abolir les orphelinats étrangers, et de les transporter en Europe, où ils pourraient pratiquer leur charité à leur aise. Il appartiendrait alors aux Chinois de venir au secours de ces enfants. Nous avons d'ailleurs dans chaque province de nombreux orphelinats, ce qui n'empêche pas les étrangers de vouloir nous prêter à tout prix une assistance dont nous n'avons pas le plus léger besoin. C'est certainement avec de bonnes intentions qu'ils agissent ainsi ; mais il n'en est pas moins vrai que leur conduite produit le soupçon et excite la colère. Il serait de beaucoup préférable que chacun exerçât sa charité dans son pays, et alors aucun événement lamentable ne pourrait surgir.

Art. 2. — Les femmes ne devraient pas plus longtemps entrer dans les églises, et les sœurs de charité ne devraient plus vivre en Chine pour enseigner la religion. Cette mesure ne fera que rendre les chrétiens plus respectables, et aura pour résultat d'imposer silence aux mauvaises rumeurs.

En Chine une bonne réputation et la modestie sont des points très importants. Les hommes et les femmes n'ont pas même la permission de se donner la main, ni de vivre ensemble. Il devrait y avoir une ligne de démarcation infranchissable. Après le traité, liberté pleine et entière a été donnée aux chrétiens, et alors les hommes et les femmes sont allés ensemble à l'église. De là des rumeurs parmi le public. Il y a quelques endroits même où hommes et femmes se trouvent ensemble non seulement à l'église, mais encore dans l'intérieur de la maison. Le public, qui voit cela à la légère, élève des soupçons, et pense qu'il se passe des choses peu convenables.

Art. 3. — Les missionnaires résidant en Chine doivent se conformer aux lois et usages de la Chine. Ils n'ont pas la permission de se placer dans une sorte d'indépendance exceptionnelle, de se montrer récalcitrants à l'autorité du gouvernement et des mandarins, de s'attribuer des pouvoirs qui ne leur appartiennent pas, de porter atteinte à la réputation des gens, d'opprimer le peuple, de médire de la doctrine de Confucius, toutes choses par lesquelles ils donnent prise aux soupçons, au ressentiment et à l'indignation des masses.

Les missionnaires doivent se soumettre, comme tout le monde, à l'autorité des mandarins locaux ; et les Chinois chrétiens doivent, en tout cas, être traités selon la loi commune. A l'exception des dépenses des solennités théâtrales et du culte des divinités protectrices du lieu, auxquelles ils sont dispensés de contribuer, les chrétiens ne peuvent échapper aux réquisitions et aux corvées, et sont tenus d'accepter, comme tout le monde, les charges imposées par l'administration locale. A plus forte raison ne peuvent-ils refuser de payer, intégralement, les taxes territoriales et les rentes, et les missionnaires ne peuvent ni leur conseiller une infraction à la loi commune ni les y aider. Les cas de litige entre les chrétiens et non-chrétiens, sont soumis à l'équitable juridiction des autorités, et ne peuvent être laissés au patronage des missionnaires. Ces derniers ne peuvent écarter des tribunaux les chrétiens, demandeurs ou défendeurs, ce qui dans un jugement conduit à des délais et lèse les parties intéressées. Dans le cas où des missionnaires se permettent de s'immiscer dans des affaires qui ne sont pas de leur domaine, les autorités locales doivent envoyer leurs communications verbales ou écrites aux hauts fonctionnaires provinciaux, qui en référeront à leur tour au Tsong Li Yamen, afin qu'une décision puisse, le cas échéant, être prise pour le rapatriement desdits missionnaires. Au cas où des chrétiens engagés dans des procès relatifs à des alliances matrimoniales ou à des propriétés immobilières se prévaudraient de leur condition de chrétiens pour invoquer l'intervention des missionnaires, ils seront sévèrement punis par les autorités.

La Chine honore la religion de Confucius. Le culte de Bouddha et du Tao, aussi bien que la doctrine des Lamas, y sont également professés. Il est contraire à l'usage que les derniers, bien qu'ils puissent ne pas être Chinois, puissent ignorer les décisions des autorités chinoises, et les approuver ou les blâmer. Nous entendons dire que les missionnaires, dans les pays étrangers, sont soumis à la législation du pays où ils vivent, et qu'il leur est défendu de se rendre indépendants, de contrevenir aux lois, d'usurper l'autorité, d'attaquer le caractère des gens, de leur nuire, de susciter les soupçons ou le ressentiment du peuple. De même les missionnaires, qui enseignent leur religion en Chine, devraient se soumettre à l'autorité des magistrats de ce pays ; tandis qu'ils se vantent d'être indépendants et de ne pas reconnaître l'autorité des mandarins. Ne se placent-ils pas ainsi en dehors du giron de la loi ? Les chrétiens en Chine restent sujets chinois, et n'en sont que plus astreints à demeurer fidèles à leurs devoirs. En aucun cas, il ne peut être établi de différence entre eux et le reste de la nation. Les chrétiens dans les villes et à la campagne doivent vivre en bonne harmonie avec leurs compatriotes. Cependant, dans les questions qui affectent le public, lorsque des souscriptions populaires s'ouvrent et que des corvées sont requises, ils mettent en avant leur position de chrétiens pour échapper à ces charges. Ils créent, eux-mêmes, une exception en leur faveur. Comment éviter que le reste de la nation ne s'empare de cette exception contre eux ? Bien plus, ils refusent les taxes et les corvées, ils intimident les mandarins, ils oppriment ceux qui n'appartiennent pas à leur religion. Les missionnaires étrangers ne comprennent pas complètement la situation. Non seulement ils donnent un asile aux chrétiens criminels, et refusent de les livrer à la justice ; mais encore ils consentent à protéger injustement ceux qui ne se sont convertis que parce qu'ils avaient commis quelque crime. Dans les provinces, les missionnaires se font les avocats, devant les autorités locales, des chrétiens qui ont des procès. Témoin cette femme chrétienne du Se-tchouan, qui exigeait de ses tenanciers des paiements d'une nature qui ne lui étaient pas dûs, et qui finit par commettre un meurtre. Un évêque français prit sur lui d'adresser aux autorités une dépêche, où il plaidait pour cette femme, et obtint son acquittement. Ce fait excita l'animosité des populations du Se-tchouan, laquelle a duré jusqu'à ce jour. Dans le Kouei-tcheou, les chrétiens qui comparaissent devant les tribunaux se qualifient eux-mêmes de chrétiens dans l'acte d'accusation, dans le seul but de gagner leur cause. Ceci est un abus bien connu. Il arrive aussi que de deux familles, unies par des liens matrimoniaux, l'une se convertit au christianisme, et force l'autre, qui n'est pas convertie, à rompre l'alliance. Parmi des gens de même sang, on a vu des pères et des frères aînés, une fois convertis, intenter une accusation pour non accomplissement des devoirs de famille à leurs enfants et à leurs plus jeunes frères, par l'unique raison que ceux-ci avaient refusé de se convertir. Ces actes sont encouragés par les missionnaires. De pareilles pratiques ne sont-elles pas de nature à exciter au plus haut degré l'indignation populaire ?

Art. 4 — Les Chinois et les étrangers vivant ensemble devraient être gouvernés par les mêmes lois. Par exemple, si un homme en tue un autre, il doit être puni, s'il est Chinois, selon la loi chinoise, et s'il est étranger, selon la loi de son pays. En agissant ainsi, l'ordre régnera. Peu importe la manière dont les Chinois et les étrangers traitent la cause. Un châtiment est nécessaire. Mais ce châtiment une fois infligé, on ne doit pas venir réclamer des indemnités, et surtout chercher le *soi disant* instigateur du crime pour exiger de lui une certaine somme. Il appartient aux autorités locales de prononcer sur les différends qui peuvent s'élever entre les chrétiens et le peuple. Si c'est un païen qui a eu des torts envers un chrétien, il doit être puni plus ou moins sévèrement, selon la gravité de la faute; et de même s'il est question d'un chrétien accusé par un païen. Le magistrat doit prononcer avec la plus parfaite justice et la plus grande impartialité. Si un chrétien se conduit contrairement aux lois, l'autorité locale fait une enquête, et si l'on accuse ce chrétien, celui-ci est arrêté et jugé. Mais les missionnaires ne doivent pas alors se présenter pour le défendre et le disculper. S'il arrive qu'un missionnaire empêche un chrétien de déférer aux ordres de l'autorité, non seulement le chrétien sera puni; mais encore le missionnaire; ou tout au moins celui-ci sera renvoyé dans son pays.

Dans la sixième année du règne Tong Tcheu, un missionnaire, M. Mabileau, ut tué dans le Se-tchouan. Le meurtrier, nommé *Yang-bao-wong*, fut arrêté et condamné à mort. Mais en outre, M. Mihières accusa un homme qui faisait partie de la classe des lettrés, d'avoir été l'instigateur de ce meurtre, afin d'exiger de lui une indemnité de 80,000 taëls.

Les individus qui commettent des désordres appartiennent d'ordinaire aux plus basses classes de la société. Lorsqu'ils sont coupables de quelques crimes, ils sont arrêtés et punis; mais des accusations ne doivent pas être portées contre les lettrés, pour exiger d'eux de larges indemnités. Une pareille conduite excite la haine.

Dans la huitième année du règne Tong Tcheu, un missionnaire, M. Rigaud, fut tué dans le Se-tchouan. La cause du meurtre était la rupture d'une alliance entre deux familles: Tchong Tyang-tum et Li Tchong-tang jugèrent ce cas. Ils firent arrêter le meurtrier de M. Rigaud et celui d'un chrétien, les nommés Hroo-tsaé et Liong-fou, appartenant tous deux aux plus basses classes. L'un fut condamné à la décapitation et l'autre à la pendaison. Les chrétiens tuèrent plus tard quelques personnes. Tous les ans il y avait des conflits entre les créanciers et les débiteurs, des rapts et des incendies.

Les instigateurs de tout ceci étaient Wang-choue-ting, Tchang-tien-chen et autres. On voulut les arrêter et les punir; mais ils ne se rendirent pas aux ordres de l'autorité. Plus tard, les chrétiens sous la conduite d'un prêtre nommé Tan-fou-tchuen, tuèrent Tchao-yong-lui et deux cents personnes. On demanda de livrer ce missionnaire à la justice chinoise; mais l'abbé Mihières dit qu'il était parti pour l'Europe, et qu'il n'y avait aucun moyen d'arranger d'affaire. De là une grande colère parmi les habitants du Se-tchouan.

Art. 5. — Les passeports délivrés aux missionnaires français qui pénètrent dans l'intérieur, doivent clairement mentionner la province et la préfecture où ils ont l'intention de se rendre. Les noms et titres du porteur, et les conditions qu'il ne doit pas se transporter clandestinement dans une autre province et que le passeport est personnel, seront également compris dans ce document. Le missionnaire ne doit point passer en contrebande par la douane et les barrières des articles soumis aux droits. A son arrivée à une destination autre que celle indiquée sur le passeport, ou si cette dernière pièce a été remise à un Chinois chrétien dans le but de le faire passer comme missionnaire, ledit passeport sera annulé. Si d'un autre côté on est assuré que le porteur se l'est procuré à prix d'argent ou qu'il a commis quelque autre infraction sérieuse à la loi, l'individu qui aura ainsi faussement assumé la position de missionnaire, sera puni, et le vrai missionnaire sera renvoyé dans son pays.

Afin que le contrôle puisse s'exercer partout, le nom du missionnaire sera inséré dans le passeport, en caractères chinois, qui feront preuve. Le passeport sera annulé, au cas où le titulaire retournerait dans son pays, viendrait à mourir ou abandonnerait l'œuvre des missions. On n'accordera point de passeports pour les provinces où il y a des rebelles, ni pour celles où opère l'armée impériale. Cette disposition ayant évidemment pour objet d'assurer loyalement la sauvegarde des missionnaires.

A l'appui du précédent projet, le yamen rappellera le cas d'un missionnaire, qui s'est présenté dans le Kouei-tcheou, où un certain Tchao fit le missionnaire, quoique son nom ne figurât pas dans le registre des passeports. Le Yamen reçut une lettre à ce sujet de M. l'interprète Devéria, où celui-ci montrait comment, d'après un vieux registre français, le missionnaire assassin Tchao, avait reçu un passeport, daté du 2 de la 6ᵉ lune de la 4ᵉ année de Tong Tche, où il était appelé Joné Losse : que ce nom de Tchao était erroné ; que la victime était réellement le dit Joné Losse, était inscrit sous le nᵒ 325, comme allant au Se-tchouan et de là au Kouei-tcheou. Cependant le yamen était à même de se convaincre que ni le nom de Tchao ni celui de Joné Losse ne figurait sur le registre des passeports. Il y avait donc une double erreur sur le nom du missionnaire, et sur celui de sa résidence. Comment alors pouvait-on établir l'identité et assurer à la partie intéressée une protection efficace ?

Il y eut aussi une affaire de meurtre, commis par le missionnaire Splingaért sur la personne d'un Russe. Ce Splingaert était d'abord missionnaire, puis il entra à la légation de Prusse comme constable. Il n'en conserva pas moins son passeport, en sorte que s'il l'avait donné à un autre ou l'avait perdu, non seulement il y aurait eu abus de la part de celui qui aurait passé pour missionnaire ; mais de graves inconvénients dans les affaires publiques pourraient en résulter, si ledit passeport était tombé dans les mains des rebelles. D'un autre côté la dignité des missionnaires nous semble sérieusement compromise par de pareilles irrégularités.

Art. 6. — Le but des missionnaires étant d'exhorter les hommes à la vertu, il est convenable que, avant d'admettre un individu aux privilèges de la religion, on examine s'il a été frappé de quelque sentence judiciaire ou s'il a commis quelque crime. Si l'examen est en sa faveur, il peut devenir chrétien ; sinon, cette faculté lui sera refusée. On devra de plus agir comme les ministres de notre religion, qui donnent avis aux déceniers ou inspecteurs de dix familles, et font inscrire dans ce but le nom du néophyte sur un registre spécial. De même les missionnaires devront avertir les autorités, qui prendront note du jour, du mois, et de l'année de l'admission d'un converti, de son lieu de naissance, de sa position sociale, et s'assureront s'il a subi une condamnation, ou s'il a changé de nom. En agissant ainsi, toute confusion sera écartée. Si un chrétien est envoyé en mission et meurt en route, avis sera donné à l'autorité compétente. Si après sa conversion, quelqu'un commet un crime, il sera exclu de la communion des fidèles, et regardé comme n'appartenant plus à la religion chrétienne. Chaque mois ou au moins chaque trimestre, les autorités doivent être informées du nombre des conversions. Les autorités agiront aussi comme elles le font à l'égard de nos temples, c'est-à-dire elles inspecteront les missions tous les mois ou au moins tous les trois mois. Cette méthode, loin de nuire à la religion, assurera au contraire sa tranquillité.

Dans la neuvième année du règne Tong Tcheu, le gouvernement du Kouei-tcheou informa le yamen qu'à Kouei-ting-hien quelques personnes, qui précédemment n'étaient rien autre chose que des voleurs, formaient une partie de la milice, dont les chrétiens Yen-yu-shing et Lia-tchang-shin étaient les chefs. Se faisant eux-mêmes passer pour chrétiens, ces hommes inspiraient une haute idée ; cependant ils provoquèrent toutes sortes de troubles, tuèrent Wang-liang pao et Tsouo-ying-ho, blessèrent grièvement trois autres personnes, et emportèrent de leurs maisons non seulement l'argent, mais encore tous les objets qu'elles contenaient, jusqu'au bétail.

Dans la huitième année du règne Tong Tcheu le gouverneur du Kouei-tcheou informa de nouveau notre yamen qu'à Tsoun Yi-hsièn, une pétition avait été adressée aux autorités pour déclarer que quelques rebelles, dont les chefs étaient Soung-yu-chan, Taug-cheun-hien, Tang-yen-shoui, Tien-yuen-suen, avaient embrassé la religion catholique, et qu'ils continuaient, dans la ville comme au dehors, de causer des troubles et des émeutes sans nombre. Dans la même place encore, quelques gens nommés Yang-shi-pono, Leou-kai-wen, Tchang-sio-ming, Hrono-wen-tieou, Tchao-wen-gnan avaient embrassé la religion catholique, et étaient même employés à l'intérieur de la mission. Cependant au dehors ils pratiquaient toutes sortes d'exactions sur les orphelins, et intimidaient les pauvres d'esprit. Ils venaient perpétuellement au yamen, et entreprenaient de redresser les jugements. Dans une affaire entre un chrétien et un paysan, si le mandarin se prononçait en faveur du dernier, ils ameutaient les chrétiens, envahissaient le yamen et forçaient le juge à revenir sur sa sentence. Si nonobstant le mandarin ne voulait pas leur remettre le chrétien, ils revenaient avec la carte d'un missionnaire, et réclamaient en son nom la mise en liberté de leur ami.

En outre ils commettaient toutes sortes d'attentats contre les personnes et les propriétés. S'ils rencontraient de la résistance, ils prodiguaient les coups et ne reculaient pas devant un meurtre, et se rendaient coupables de plusieurs autres crimes.

Art. 7. — Les missionnaires doivent observer les coutumes chinoises, et ne s'en écarter en aucun point. Par exemple, ils ne doivent pas faire usage de sceaux, dont l'emploi est réservé aux seuls fonctionnaires. Il ne leur est pas permis d'adresser des dépêches à un yamen, quelle que soit leur importance. Si cependant, pour un cas pressant, il était absolument nécessaire d'écrire, ils peuvent le faire, mais en prenant bien soin de ne pas parler de choses étrangères à la question, et en employant, comme les gens appartenant à la classe des lettrés, l'expression Sin-tie (pétition). Lorsque les missionnaires visitent un grand mandarin, ils doivent observer les mêmes cérémonies que celles exigées des lettrés. S'ils visitent un mandarin de rang inférieur, ils doivent aussi se conformer aux cérémonies d'usage. Ils ne doivent pas entrer dans les yamens sans les prescriptions réglementaires, et amener le désordre et le trouble dans les affaires.

Dans la sixième année du règne Tong Tcheu, le gouverneur du Se-tchouan nous écrivit que l'évêque français, Mgr Pinchon, avait, dans une lettre envoyée aux autorités, fait usage d'un sceau officiel fabriqué par lui. Dans la septième année du règne Tong Tcheu, Mgr Faurie, évêque du Kouei-tcheou, remit à l'officier chargé de la transmission des lettres au gouvernement, une dépêche à l'adresse du yamen pour demander que des marques de distinction fussent accordées à un taou-taï nommé Touo-wen, et à d'autres personnes.

Dans le Chantong un missionnaire se fit passer comme sin-tou (gouverneur provincial).

Dans le Se-tchouan et le Kouei-tcheou, des missionnaires prirent sur eux de demander le rappel de mandarins qui n'avaient pas arrangé leurs affaires à leur satisfaction. Ainsi ce n'est pas seulement l'autorité de simples fonctionnaires qu'ils assument; ils réclament en outre les privilèges que le souverain seul possède. Après de tels actes, comment l'indignation générale pourrait-elle ne pas se manifester?

Art. 8. — Les missionnaires ne doivent pas être autorisés à réclamer, comme appartenant à l'église, les propriétés qu'il leur plaît de désigner. De cette manière, il ne s'élèvera aucune difficulté. Si les missionnaires désirent acheter un lot de terrain pour y bâtir une église, ou louer une maison pour y fixer leur résidence ils doivent avant de conclure le marché, aller avec le propriétaire vrai, et faire une déclaration à l'autorité locale, qui examinera si le Foung-choue présente quelques obstacles. Si le mandarin décide qu'aucun inconvénient n'existe sous le rapport du Foung-choue, il sera alors nécessaire de demander le consentement des habitants du lieu. Ces deux formalités remplies, il sera encore nécessaire, dans le texte du contrat, de suivre les règles publiées dans la quatrième année du règne de Tong Tcheu, c'est-à-dire de déclarer que la terre appartient en pleine propriété à des chrétiens chinois. Il ne sera pas permis, dans l'achat des propriétés, d'employer un nom autre que celui du véritable acheteur. Il sera également défendu d'effectuer des transferts contraires à la loi, selon les conseils de gens déshonnêtes.

Les missionnaires résidant constamment en Chine doivent s'efforcer d'inspirer la confiance, et de ne pas exciter le mécontentement et l'aversion du peuple, mais au contraire de vivre en bons termes avec tout le monde, sans même exciter les soupçons. En ce moment il y a presque toujours désaccord entre les deux partis, et la cause est la conduite des chrétiens. Ainsi, en ce qui regarde les propriétés de l'église, il y a eu des réclamations durant ces dernières années dans toutes les provinces, et les missionnaires en exigent la restitution, sans s'inquiéter s'ils blessent la susceptibilité du peuple, ou s'ils nuisent à ses intérêts. Il y a en outre de belles maisons appartenant à des lettrés, sur lesquelles ils élèvent des réclamations et dont ils expulsent le propriétaire dans le plus court délai. Mais ce qui est pis, et ce qui blesse la dignité du peuple, c'est qu'ils réclament souvent comme leur propriété des yamens, des lieux de réunion, des temples tenus en grande vénération par les lettrés et les habitants du voisinage.

ANGERS. IMPRIMERIE LEBRUN ET Cie, RUE GARNIER, 1.

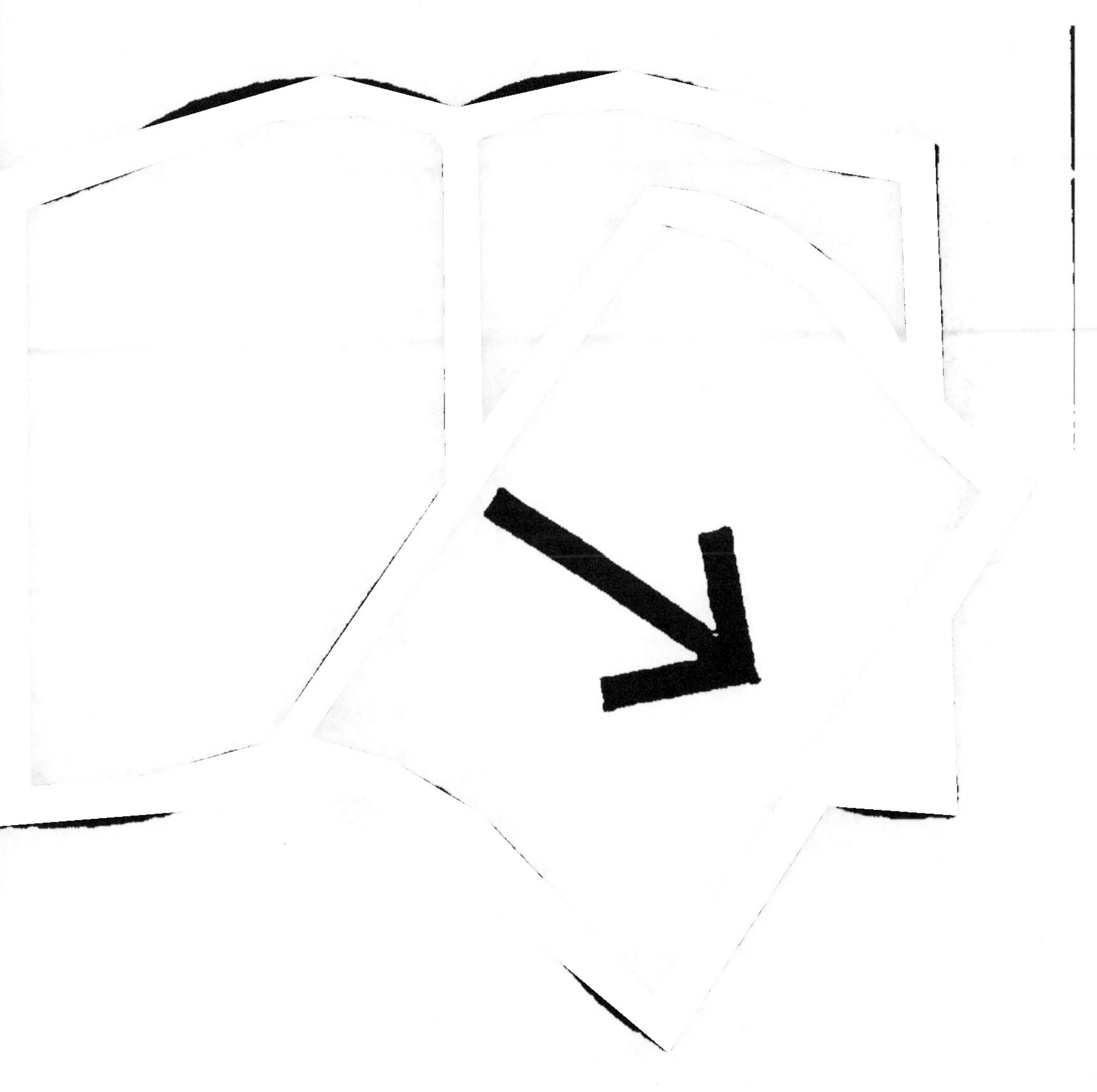

Documents manquants (pages, cahiers...)

NF Z 43-120-13